Sabores de Portugal
Flavors of Portugal

Tania Gomes

Thunder Bay
P·R·E·S·S
San Diego, California

Thunder Bay Press
An imprint of the Advantage Publishers Group
5880 Oberlin Drive, San Diego, CA 92121-4794
www.thunderbaybooks.com

All notations of errors or omissions should be addressed to Thunder Bay Press, Editorial Department, at the above address. All other correspondence (author inquiries, permissions) concerning the content of this book should be addressed to New Holland Publishers (UK) Ltd, Production Department, Garfield House, 86-88 Edgware Road, London, W2 2EA, UK or email postmaster@nhpub.co.uk.

ISBN-13: 978-1-59223-396-0
ISBN-10: 1-59223-396-1

Library of Congress Cataloging-in-Publication Data available upon request.

Printed and bound in Singapore.

1 2 3 4 5 10 09 08 07 06

Publisher: Fiona Schultz
Managing Editor: Martin Ford
Production Manager: Grace Gutwein
Designer: Tania Gomes
Printer: Tien Wah Press

Publisher's Note: The authors and publishers have made every effort to ensure that the information contained in this book is correct at the time of going to press, and they accept no responsibility for any loss, injury, or inconvenience sustained by any person through using this book.

To my mother, whose support and culinary talents have been a wonderful inspiration to me and this project. Without her, this book could not have been possible. Thank you.

Para a minha mãe, cujo apoio e talentos culinários me serviram de inspiração para a realização deste projecto. Sem ela este livro não teria sido possível. Obrigada.

Conteúdo
Contents

Agradecimentos
Acknowledgments

My parents set out for Australia from Portugal with a suitcase full of memories, bright-eyed and eager to find what awaited them in a new world. They filled our home with warmth, joy, and happiness as they kept alive a heritage and culture far away from their home. They have in many ways been the main influence and inspiration for this project, having re-created a world, culture, and spirit that we have been able to share together, and allowing me to share it with the rest of the world in return. For this I thank them both with all my heart.

My mother especially deserves the deepest thanks and gratitude, because she is, in many ways, at the center of this book. All her efforts and talents in the kitchen have been important influences and inspirations, and she has taught me so much about Portugal, its food, and culture. My mother's efforts with

Aos meus pais que saíram de Portugal com destino à Austrália com uma mala cheia de memórias, esperançados e ansiosos para descobrirem o que iriam encontrar num novo mundo. Encheram a nossa casa de bem-estar alegria e felicidade, mantendo vivas a sua cultura e tradições, apesar de estarem longe da terra natal. De várias maneiras, foram a minha principal influência e fonte de inspiração, recreando um mundo, cultura e espírito que conseguimos partilhar em conjunto e que agora partilho com o resto do mundo. Por isso, agradeço aos meus pais do fundo do coração.

A minha mãe, em especial, merece o mais profundo agradecimento e gratidão, já que é, de vários modos, o centro deste livro. Toda a sua boa vontade e talento na cozinha têm sido uma Fonte de aprendizagem e inspiração, devido ao que ela me tem

Obrigado

this project have also been a great source of information, helping me piece together the secrets of Portuguese cuisine. She cooked up a storm, having prepared almost every meal in this book, trying and testing different recipes as we sifted through the endless possibilities. I cannot thank her enough for all her hard work, love, and support: with all my heart I thank you again dearly!

I would also like to thank my family, in Australia and Portugal: my grandparents, Uncle Joaquim, Aunt Emilia, Aunt Idalina, Aunt Hortencia, and my cousins who have lent me their recipes, stories, and photographs for this book. To the countless family friends who have become a part of my extended family and played an important role in maintaining the Portuguese culture that I have experienced and learned from, thank you. They have all contributed in some way, sharing their food, stories, and Portuguese spirit through every meal, celebration, and feast over the years. Many thanks to the Da Silva family, who are very dear friends and who have taught me about some wonderful food from Madeira. They were my link to the Group Folkloric of Madeira, allowing me and

ensinado acerca de Portugal, da sua gastronomia e cultura. O esforço da minha mãe neste projecto tem sido extraordinário, ajudando-me a descobrir os segredos da cozinha portuguesa. Ela preparou e cozinhou a maioria das receitas deste livro experimentando diferentes receitas à medida que examinávamos infinitas possibilidades. Não lhe posso agradecer o suficiente por todo o seu trabalho, amor e apoio. É com todo o carinho, que mais uma vez lhe agradeço do fundo do coração.

Também gostaria de agradecer à minha família, tanto na Austrália como em Portugal, pela sua colaboração neste projecto. Estou muito grata aos meus Avós, aos meus Tios e Padrinhos Joaquim e Emília, à Tia Idalina, à Tia Hortência e às minhas Primas que contribuíram com as suas receitas, histórias e fotografias. Quero também agradecer aos numerosos amigos de família que ocupam um lugar muito importante na minha vida e me têm ensinado muitas coisas sobre a cultura portuguesa. Muito obrigada a todos. Agradeço também à família Da Silva, que são grandes amigos e me ensinaram fabulosas receitas madeirenses. Foram o meu ponto de

10

my camera to enjoy the beauty and excitement of a timeless tradition. To Magalli, for all her help and support; my brother Danny for all his help and technical know-how; and to Nathan for standing by me and believing in me always: I cannot thank you enough.

Lastly I give a big thank-you to Eric Hanson, whose flash of insight inspired my agents, Clare Calvet and Xavier Waterkeyn at Flying Pigs, to make this book possible; and to Fiona Schultz and New Holland Publishers, who have made it a reality.

ligação com o Rancho Folclórico da Madeira em Sydney, dando-me a oportunidade de fotografar a beleza e colorido de uma tradição eterna. Agradeço à Magalli por toda a sua ajuda e apoio; ao meu irmão Danny pela ajuda técnica e ao Nathan por todo o seu apoio e fé em mim. Muito obrigada.

Finalmente, agradeço ao Eric Hanson, que inspirou os meus agentes, Clare Calvet e Xavier Waterkeyn da Fying Pigs, a tornarem este livro possível. Agradeço também à Fiona Schutz e à New Holland Publishers, que o tornaram numa realidade. Obrigada.

LISBON

Introdução

Introduction

Memories, emotions, culture . . . the Portuguese spirit carries on, across oceans, through the hearts and minds of the thousands of Portuguese scattered across the globe. The richness of the Portuguese culture is undeniable. Its history runs deep though the country and its people, of whom many—like their "conquistador" ancestors—have heard the calling of the sea and ventured into new worlds. With them they have carried and passed on a timeless world of memories, stories, traditions, and heritage, which keeps alive a spirit running deeper than the blood through their veins. The ritual of cooking and sharing a meal is so important in this rich culture and tradition. The preparation of a meal can evoke so much through the sights, smells, and tastes of even the simplest ingredients. They are *Memórias Saborosas*— tasty, savory memories filled with so much emotion and passion. The stories told of

Memórias, emoções e cultura...O espírito português continua, através dos oceanos, nos corações e mentes dos milhares de portugueses dispersos por todo o globo. A riqueza da cultura portuguesa é inegável. A sua história corre fundo nas veias do país e Do seu povo, dos quais muitos, tal e qual como os seus antepassados "conquistadores", ouvem o chamamento do mar e aventuram-se por novos mundos. Com eles trazem inesquecíveis memórias, histórias e tradições, que mantêm vivo o espírito que corre mais fundo que o sangue nas suas veias. O ritual de cozinhar e de partilhar uma refeição é muito importante na cultura e tradições portuguesas. A preparação duma refeição pode evocar tantas lembranças através das vistas dos cheiros e dos sabores até dos mais simples ingredientes. Estas são Memórias Saborosas, cheias de emoção e paixão, de histórias acerca do que na realidade significa

moments long gone unearth the real depth of what it means to be Portuguese. Whether here or there, then or now, through generations or across cultures, the bond of the Portuguese to their land remains.

This book was born through my own experiences of the Portuguese culture. As the daughter of Portuguese migrants who once set out for Australia and then made it their home, I have learned and experienced every part of the Portuguese culture through the stories, memories, and food my parents have shared. Every thoughtfully prepared meal of *bacalhau*, every homemade *chouriço*, and every tasty piece of *presunto* helps me to grow more deeply into the culture of my parents and the world they left behind.

These sights, smells, and tastes of Portugal transcend time and place and live in Portuguese homes, scattered thousands of miles from their native land, through Portuguese feasts. The gathering of family and friends in a distinctly Portuguese way for *sardinhadas*, Christmas, Easter, and many other celebrations has always played a major part in my life. It's the food that brings people

ser português. Aqui ou ali, no passado ou no presente, através de gerações e culturas, os Portugueses mantêm sempre a ligação à sua terra natal.

Este livro nasceu das minhas próprias experiências da cultura portuguesa. Como filha de emigrantes que se aventuraram pelo mundo com destino à Austrália, foi aqui que aprendi e experimentei a cultura portuguesa, através das histórias, memórias e gastronomia que os meus pais partilharam. Cada refeição preparada com bacalhau, cada chouriço caseiro e pedaço de presunto saboroso, têm-me feito absorver mais profundamente a cultura dos meus pais e do mundo que deixaram para trás.

As visões, aromas e sabores de Portugal transcendem tempo e local, vivendo nas casas portuguesas, bem distantes da sua terra Natal, através da riqueza da sua culinária e festas tradicionais. As reuniões de família e amigos, para as famosas sardinhadas, os festejos de Natal, da Páscoa e outras celebrações, tiveram sempre um lugar muito importante na minha vida. A comida une as pessoas para compartilharem

Bom Apetite

together, to share stories of the past and reignite the passions of a nation and culture once left behind but not forgotten.

The recipes in this book are a mixture of traditional classics and recipes collected from family and friends. Writing the book has mainly been a journey through my own Portuguese heritage, and through my mother's kitchen and all the wonderful meals that have inspired me throughout my life. The simple, everyday activities in her life in Portugal—such as baking bread—have taken

histórias do passado reacendendo paixões de uma nação e cultura que foi deixada para trás mas não está esquecida..

As receitas deste livro são uma colecção de receitas clássicas e tradicionais, que foram seleccionadas por amigos e família. Escrever este livro tem sido uma viagem à minha descendência portuguesa, através da cozinha da minha mãe e das suas maravilhosas refeições que têm sido a minha inspiração. As tradições e a simplicidade da vida quotidiana da minha mãe, em Portugal, tais como fazer

on new meanings away from Portugal. They have become traditions that evoke a past, a country, and a culture that we still hold strong.

This book is about more than just Portuguese food; it is also about the way the culture is experienced and shared through a meal. I hope that it will inspire you to experience the Portuguese culture and spirit in your own way.

pão, tem significados diferentes longe da sua terra, tornaram-se tradições que evocam um passado, um país e uma cultura que ainda preservamos.

Este livro vai para além da cozinha portuguesa. Trata também a forma como a cultura é vivida e partilhada através de uma refeição. Espero que vos inspire a viverem a cultura e espírito portugueses à vossa própria maneira.

A Cozinha Portuguesa
The Portuguese Kitchen

Portuguese food is simple yet full-bodied and hearty; it remains quietly understated but is full of life and flavor. The Portuguese people are brought up to love the land, living on what it has to offer. Their food is a reflection of homegrown sustenance and hardworking country life. But what makes Portuguese food stand out are the influences it has taken from the rest of the world. Portugal's exploration of the wider world during the fifteenth and sixteenth centuries opened the doors to the wonders of Africa and Asia, introducing spices and new delights to Portuguese cuisine. The history of the land and its people is an important part of the Portuguese culture. It is embraced and celebrated through folkloric traditions and festivals, expressing their culture, vivid history, and passion for life through music, dancing, and food. Throughout Portugal and the Portuguese communities worldwide, folk-dancing groups bring festivals

A gastronomia portuguesa é simples mas muito substancial e saborosa, repleta de vida e sabores. Os portugueses aprendem a amar a terra, vivendo daquilo que ela tem para oferecer. A sua cozinha é o reflexo do trabalho duro nos campos. Mas a riqueza da gastronomia portuguesa deve-se às influências provenientes dos quatro cantos do mundo. As explorações portuguesas durante os séculos XV e XVI abriram as portas a maravilhas proveniente da África e da Ásia, introduzindo especiarias e novos encantos na cozinha portuguesa. A história do povo, a cultura e a paixão pela vida, através da música, dança e gastronomia. Em Portugal, assim como em todas as comunidades portuguesas no estrangeiro, a dança folclórica continua bem viva nas festas portuguesas mantendo fortes as raízes da cultura e das tradições portuguesas.

DEPARTURE

Name

R

311

Vito

avózinha, 1958

to life and keep strong the roots of the culture and tradition of the Portuguese nation.

The culture of the old fishing villages in Portugal has also unquestionably shaped and influenced Portuguese flavors and tastes. The country's cuisine thrives on its seafood. Codfish (*bacalhau*) is one of the most popular fish and is definitely one of the most culturally significant foods in Portuguese homes. There are so many dishes and variations in every region, it is said that the Portuguese have as many ways to cook cod as there are days in the year! The codfish used in Portuguese cuisine is dried and salted and requires some time to prepare. This preserving method dates back hundreds of years, adopted for its long transportation by sea from northern Europe. Outside of Portugal, salt-dried cod is readily available from most specialist delicatessens and supermarkets.

Sardines are another Portuguese favorite. Fresh sardines grilled in the open air during festivals and barbecues are a part of the culinary culture my parents grew up with and carried with them to Australia. The countless

A cultura tradicional das velhas vilas piscatórias de Portugal, sem dúvida, que moldou e influenciou os gostos e sabores portugueses. A cozinha do país assenta nos alimentos que vêm do mar. O bacalhau é um dos peixes mais populares e, indiscutivelmente, um dos alimentos com maior significado para os portugueses. Existem inúmeros pratos e variações, em todas as regiões. Até se diz que os portugueses têm tantas maneiras de cozinhar bacalhau como dias no ano! O bacalhau usado na culinária portuguesa, é seco e salgado e demora tempo a preparar. Este método de conservar o bacalhau data de há centenas de anos e foi adoptado para o longo transporte marítimo desde o norte da Europa. Fora de Portugal, o bacalhau encontra-se à venda na maior parte dos supermercados na Europa.

As sardinhas são outro dos pratos muito apreciados pelos portugueses. As sardinhas frescas assadas ao ar livre durante festas e churrascos fazem parte de cultura culinária que os meus pais trouxeram para a Austrália. As inúmeras churrascadas familiares ou sardinhadas (como lhes gostamos de

family barbecues—or *sardinhadas*, as we like to call them—that I have grown up with became the highlight of many summer festivities.

Pork is a popular meat in Portuguese cuisine. In the past, farmers in the rural villages raised and bred their own pigs. Their meat was preserved into *presunto*, a smoked and cured leg of ham, and made into *chouriço* sausages, which could be kept for long periods of time. Many Portuguese cooks still enjoy curing their own presunto and making their own chouriço. It's become part of tradition—no longer a necessity but an expression of the Portuguese culture. Nowadays they are both commonly found in Portuguese supermarkets and even outside of Portugal in many delicatessens.

But no matter what dish is being prepared, there are two rich, flavorful ingredients that cannot be ignored: olive oil and Portuguese wines. Since visiting Portugal as a young girl, I have carried with me the scent of the country air and of the olive trees that stretched out across the landscape, only broken up by the vineyards and occasional

chamar) com as quais eu cresci tornaram-se no centro das atençoes de muitas das festividades do Verão.

A carne de porco é muito popular na cozinha portuguesa. Antigamente, os agricultores das aldeias rurais criavam os seus próprios porcos. A sua carne era usada para fazerem presunto e enchidos que podiam ser preservados durante longos períodos de tempo. Estes processos caseiros de conservação apesar de não serem necessários actualmente, mantêm-se como parte da tradição portuguesa. Hoje em dia, é possível comprar-se presunto e chouriço em todos os supermercados portugueses e mesmo fora de Portugal.

Existem dois ingredientes que não podem ser ignorados na culinária portuguesa: o saboroso azeite de oliveira e os bons vinhos portugueses. Desde que visitei Portugal na minha infância, guardo o aroma do ar do campo e das oliveiras que se estendiam na paisagem, só interrompidas pelas vinhas e pomares. A riqueza das azeitonas e dos vinhos reflectem-se na comida tradicional. O azeite de oliveira ocupa um lugar importante

orchards. The richness of Portuguese olives and wines is reflected in the food. The Portuguese use olive oil in almost everything, from soups to sweet desserts. Portuguese olive oil is distinctive, full-bodied, and strong in flavor, adding a unique richness to any dish. Wine is very important to Portuguese culture, and it is also an undeniable source of inspiration in the kitchen; it's used not only for drinking but as an important marinade. White wine especially is used for tenderizing meat, giving a distinctive taste to the food. Within the rural communities in Portugal, these ingredients are often homemade. Country people make the very best of what they've got, and these simple ingredients are the staple of the Portuguese kitchen, grown from the heart of the Portuguese homes.

na culinária. Os portugueses usam azeite de oliveira em quase tudo, desde as sopas até às doces sobremesas. O azeite português tem um gosto distinto, forte e saboroso, conferindo uma riqueza única a todos os pratos. O vinho é também muito importante na cultura portuguesa, não só para beber, mas também como fonte de inspiração na cozinha. O vinho branco em especial é utilizado para tornar a carne mais tenra, dando-lhe um gosto mais saboroso. Em Portugal, nas zonas rurais, estes ingredientes são caseiros. As pessoas do campo tiram o máximo partido daquilo que têm e estes simples ingredientes são as bases da cozinha portuguesa, que cresce do coração das casas portuguesas.

Sopas, Entradas e Petiscos

Soups, Appetizers & Light Meals

In most Portuguese homes, appetizers and light meals are simple accompaniments to a good wine or a strong beer, opening up the appetite without overfilling the stomach. The first things to be laid out for guests in a Portuguese home are usually some good bread, a few slices of presunto or chouriço, and some fresh creamy cheese. These starters are simple, always on hand, and satisfying. The Codfish Fritters and Shrimp Rissoles are considered real delicacies and are very popular both in Portuguese restaurants and homes. No Portuguese dinner party, feast, or celebration would be complete without either one of these.

The Portuguese also love their soups. These tend to be quite substantial, hearty, and full-flavored, and they can usually stand alone as meals in themselves when accompanied by some bread and a good wine. As appetizers,

Nas casas portuguesas as entradas e petiscos são simples acompanhamentos de um bom vinho ou cerveja forte, abrindo o apetite sem contudo encher o estômago. Geralmente, numa casa portuguesa, a primeira coisa que se oferece às visitas é pão, algumas fatias de presunto ou rodelas de chouriço e um queijo fresco e cremoso. Estes aperitivos são simples, estão sempre à mão e são muito apreciados. Os famosos pastéis de bacalhau e rissóis de camarão são considerados verdadeiras delícias, sendo muito populares Não só nas casas portuguesas, mas também nos restaurantes e nos cafés. Nenhuma festa, banquete ou celebração portuguesa estaria completa sem um destes petiscos.

Os portugueses também adoram as suas sopas. Algumas sopas são fortes e substanciais, constituíndo uma refeição completa e Saudável, especialmente quando

33

they prepare the appetite for more delights. There are many different soups from across Portugal with many variations. Every Portuguese home has its own recipes, from simple broths to thick and creamy vegetable soups, that make use of the ingredients that are readily available.

In Portugal, light meals are sometimes referred to as *petiscos* and are very popular in the little taverns, bars, and cafés throughout the country. In the home, these dishes are sometimes prepared between meals and can also be served as appetizers, again accompanied by a good wine. Two of the favorite and tastier petiscos from Portugal are *amêijoas*—small clams prepared in a flavorful marinade—and marinated giblets in a strong, thick, mouth-watering sauce.

acompanhadas com pão caseiro e um bom vinho. Como entrada a sopa abre o apetite para os pratos seguintes. Existem muitas sopas diferentes através das regiões de Portugal e todas com variações. Todas as casas portuguesas têm as suas próprias receitas, desde o mais simples caldo até às pesadas sopas de feijão e cremosas sopas de vegetais.

Em Portugal, as refeições leves são, normalmente, chamadas de petiscos e são muito populares nas pequenas tavernas, bares e cafés. Em casa, estas refeições são também preparadas com frequência e podem ser servidas como entradas, acompanhadas por um bom vinho. Dois dos petiscos portugueses mais populares e saborosos são as amêijoas e as moelas cozinhadas num forte e espesso molho de fazer crescer água na boca.

Loupini beans—known as *tremoços* to the Portuguese people—are another favorite light snack or accompaniment to a good beer. The dried beans are soaked, cooked, and stored in salted water, which is changed frequently.

Os tremoços são outro dos petiscos preferidos pelos portugueses para acompanhamento duma boa cerveja. Os tremoços são demolhados, cozidos e conservados em água salgada, que necessita de ser mudada com frequência.

Tremoços

ncluidos nede

dois filhos

da Silva Gomes

Salted cod needs some time and preparation before cooking. It is necessary to soak the fish in plenty of water for at least 24 hours, changing the water occasionally, to remove the salt that it has been preserved in. If the fish isn't soaked for this minimum amount of time, it tends to be too salty to eat. When buying salted cod, it is best to buy it precut into portions rather than whole, as it can be difficult to cut later on.

O bacalhau salgado precisa de tempo e de preparação antes de ser cozinhado. Necessita de ser demolhado, pelo menos 24 horas, mudando a água várias vezes. Se o bacalhau não estiver de molho durante este tempo, fica muito salgado. É preferível comprar o bacalhau já cortado em postas, para facilitar o trabalho.

Pastéis de Bacalhau

Codfish Fritters

1 pound peeled potatoes	*500g de batatas descascadas*
1 teaspoon salt	*1 colher de chá de sal*
1 pound 2 ounces salted cod, soaked and washed	*500g de bacalhau, demolhado*
2 eggs, separated	*2 ovos, separados*
2 tablespoons freshly chopped parsley	*2 colheres de sopa de salsa picada*
Pinch of pepper (or more to taste)	*Uma pitada de pimenta (ou a gosto)*
Oil for deep frying	*Oléo para fritar*

Bring the potatoes to a boil in plenty of water with the salt added. Add the cod to the potatoes and bring to a boil again, cooking until the potatoes become tender. Remove the cod and place aside to cool, and drain the potatoes. Remove the skin and bones from the fish. Pull it into soft, fine flakes using your fingers, then mash it into thin threads with a fork. Meanwhile, beat the egg whites until firm. In a separate mixing bowl, mash the potatoes. Add the cod, parsley, pepper, egg yolks, and egg whites, and mix.

Place the oil in a large pot or deep skillet and bring to a high heat. Mold the fritters using two large soup or dessert spoons—take a good scoop of mixture in one spoon and mold it into an oval-shape ball using the other spoon. Drop the molded mixture into hot oil and deep-fry until golden brown, turning occasionally. Remove from the oil and drain on absorbent paper towels.

Põem-se as batatas a cozer em bastante água e sal até levantar fervura. Junta-se o bacalhau, leva-se ao lume até ferver e deixa-se cozer até as batatas estarem bem cozidas. Retira-se o bacalhau e deixa-se arrefecer. Tiram-se as espinhas e as peles ao bacalhau. Desfia-se bem com as mãos e esmaga-se com um garfo até ficar em fios. À parte, batem-se as claras de ovos em castelo. Escorrem-se bem as batatas e esmagam-se em puré. Num recipiente, junta-se o bacalhau, as batatas esmagadas, a salsa picada, a pimenta, as gemas e as claras em castelo. Mexe-se muito bem.

Coloca-se óleo numa frigideira larga e funda, e leva-se ao lume. Com uma colher de sopa ou de sobremesa bem cheia de massa, dá-se o formato aos pastéis, moldando bolinhos ovais com a ajuda de outra colher. Deitam-se os pastéis no óleo quente e vão se voltando até estarem bem lourinhos. Retiram-se da frigideira e põem-se a escorrer sobre papel absorvente.

Rissóis de Camarão
Shrimp Rissoles

Shrimp filling:

½ pound shrimp, uncooked
2 large onions, finely chopped
2–3 tablespoons olive oil
1 tablespoon all-purpose flour
Scant ½ cup milk
1 tablespoon butter
Salt and pepper to taste
Juice of 1 lemon
2 egg yolks

Place the shrimp in boiling, salted water and cook for approximately 4 minutes. Drain, peel, and cut them into small pieces, placing into a bowl and setting aside.

In a pot, lightly cook the onions in the olive oil until golden brown and add them to the shrimp. Prepare the sauce for the shrimp filling by mixing together the flour, milk, butter, and salt and pepper to taste in a small pot, stirring well. Bring to a boil and let cook until the filling is thick.

Remove the sauce from the stove and add the lemon juice, the shrimp mixture, and the egg yolks, mixing it all together well. Set aside to cool.

Recheio:

250g de camarão cru
2 cebolas grandes, picadas
2-3 colheres de sopa de azeite
1 colher de sopa de farinha de trigo
100ml de leite
1 colher de sopa de manteiga
Sal e pimenta q.b.
Sumo de 1 limão pequeno
2 gemas de ovos

Coze-se o camarão em água e sal durante aproximadamente 4 minutos. Escorre-se, descasca-se e corta-se o camarão em pedacinhos pequenos e colocam-se à parte.

Leva-se a cebola a alourar no azeite e em seguida junta-se ao camarão e coloca-se numa taça. Deixa-se arrefecer. À parte, para fazer o recheio, mistura-se bem a farinha com o leite, a manteiga, umas pedrinhas de sal e a pimenta.Ferve-se e deixa-se cozinhar até a mistura engrossar.

Tira-se do lume e junta-se o sumo de limão, a mistura do camarão com a cebola e as gemas de ovos. Mistura-se tudo muito bem e deixa-se a arrefecer.

Pastry:

1 cup water
Pinch of salt
1 tablespoon margarine or butter
1 piece lemon rind (approx. ¾ inch thick)
1 cup all-purpose flour
2 eggs, lightly beaten
1 cup dry bread crumbs
Oil for deep-frying

Place the water, salt, margarine, and lemon rind in a pot and bring to a boil. As soon as it starts to boil, remove the lemon rind and add the flour, mixing continuously until the mixture thickens and forms a ball. Remove from the stove and place the dough on a well-floured surface. Knead well while still hot, making sure that the dough becomes smooth and all lumps of flour are removed. Once the dough has cooled, roll it out with a rolling pin thinly, but not so thin that it might tear. Cut the pastry into large circles with a cookie cutter or a large-mouthed glass or cup. Place a little bit of filling in the circles and fold the pastry over the filling, pressing down the edges to seal the pastry. Prepare a small, deep bowl with the lightly beaten eggs

Massa:

1 chávena de água
Uma pitada de sal
1 colher de sopa de margarina ou manteiga
1 casca de limão (aprox. 2 cm de grossura)
1 chávena de farinha
2 ovos batidos
1 chávena de pão ralado
Oléo para fritar

Leva-se ao lume a água a ferver com o sal, a margarina e a casca de limão. Quando começar a ferver retira-se a casca de limão e junta-se a farinha mexendo sempre até a mistura engrossar e formar uma bola. Tira-se do lume e coloca-se a massa numa superfície com farinha Amassa-se a massa ainda bem quente até ficar macia e lisa. Deixa-se arrefecer completamente e depois estende-se com o rolo. Corta-se a massa em rodelas grandes com um corta-massa ou copo largo. Coloca-se um pedaço de creme de camarão, dobra-se a massa por cima e une-se a massa em volta carregando bem com os dedos para fechar bem o rissól. Prepara-se um prato fundo com os ovos batidos e outro com o pão ralado. Passam-se os rissóis, um a um,

and another bowl with bread crumbs. Gently dip the pastry in the egg mixture, then coat thoroughly in the bread crumbs. Heat the oil in a deep and wide pan. Deep-fry the pastries in the hot oil, turning them occasionally until golden brown. Remove from the oil, drain of excess oil on paper towels, and serve.

primeiro nos ovos e depois no pão ralado. Aquece-se uma frigideira larga e funda com o óleo. Fritam-se os rissóis no oleo quente e vão-se voltando até estarem bem douradinhos. Retiram-se da frigideira e põem-se a escorrer sobre papel absorvente.

Molho de Tomate com Ovos

Eggs with
Tomato and Onion Sauce

This is a very simple but tasty meal that my mother learned from her mother. It makes a great light meal to warm you up on a cold winter's day. It is an old country recipe, so each province has its own variations, but this is the favorite in my family.

2 pounds 4 ounces ripe tomatoes
1 onion, thinly sliced
3 tablespoons olive oil
Pinch of salt and pepper (to taste)
4 eggs

Peel the tomatoes and chop them into small pieces. In a wide pot, fry the onion in the olive oil until lightly golden. Add the tomatoes, mixing them continuously. Cover the pot and simmer until the tomatoes are almost puréed. Season with salt and pepper to taste.

Once the tomatoes become smooth, add the eggs by cracking them into the sauce. Let simmer until the eggs are cooked through. Serve hot with soft, freshly baked bread for dipping.

Esta é uma receita muito simples, mas saborosa, que a minha mãe aprendeu com a mãe. É uma refeição rápida própria para os dias frios de Inverno. Devido a ser uma receita antiga cada província tem a sua variação, mas esta continua a ser a preferida da minha família.

1kg de tomate maduro
1 cebola, cortada em fatias finas
3 colheres de sopa azeite
Uma pitada de sal e pimenta q.b.
4 ovos

Tira-se a pele ao tomate e corta-se em pedaços pequenos. Faz-se um refogado com a cebola e o azeite numa panela larga e pouco funda, até alourar. Juntam-se os pedaços de tomate, mexendo continuamente, e tempera-se de sal. Tapa-se a panela e deixa-se ferver em lume brando, até o tomate estar quase desfeito e cozido.

Assim que os tomates estiverem moles, juntam-se os ovos e deixa-se em lume brando até os ovos estarem cozidos. Servem-se quentes e acompanhados de pão caseiro para ensopar no molho.

46

Canja de Galinha

Portuguese Chicken Soup

In Portugal, this soup is known as a healthy and strengthening broth, given as a treatment for every sickness. As a child, a good dose of my mother's chicken soup—*canja*—was always the best remedy.

Em Portugal esta sopa é conhecida como um caldo saudável e próprio para doentes. Quando eu era criança, um bom prato de canja da minha mãe era o melhor remédio para as pequenas doenças.

1 pound 5 ounces chicken pieces and giblets
6 cups water
1 teaspoon salt
1 onion, quartered
½ cup rice or fine-grain pasta

600g de galinha com miúdos
1½ litro de água
1 colher de chá de sal, ou q.b
1 cebola
100g de arroz ou massa miúda

Clean and prepare the chicken and giblets. Place the chicken and the giblets into a pot with the water, salt, and the onion. Cook until the chicken is tender.

Take the pot off the stove and remove the chicken from the broth, placing it on a plate. Remove the skin and bones, and cut the meat into small strips. Return the giblets to the broth. Bring to a boil, add the rice or pasta, and let cook for at least 12 minutes. When there are 5 minutes remaining, add the chicken and more salt if necessary. Serve hot.

Lava-se e prepara-se a galinha, cortando-a em pedaços pequenos. Coloca-se a galinha e os miúdos numa panela grande, deixa-se ferver a água, batatas e cebola. cortada em gomos. Leva-se ao lume a cozer, até a galinha estar tenra.

Retira-se do lume, coloca-se a galinha num prato, tiram-se os ossos e a pele e desfia-se a galinha. Leva-se o caldo novamente ao lume e junta-se o arroz e os miúdos. Cozinha-se pelo menos durante 12 minutos. Quando faltarem 5 minutos, adiciona-se a galinha desfiada. Rectificam-se os temperos e serve-se quente.

Caldo Verde

Portuguese Green Broth

Caldo Verde is one of the most popular and iconic Portuguese soups. It's simple but incredibly tasty and nourishing, perfect to warm the heart on cold winter nights. The cabbage traditionally used in this recipe is Portuguese *galega* cabbage. Though it's hard to find outside of Portugal, it can be substituted with any long-stemmed, deep green–colored cabbage or other greens, such as kale or broccoli.

O caldo verde é uma das sopas portuguesas mais populares e simbólicas. É simples, mas muito saborosa e nutritiva, perfeita para as noites frias de Inverno. A couve usada para esta receita é a couve galega portuguesa, mas como é difícil de se encontrar fora de Portugal, pode ser substituída por outro tipo de couve de folhas verdes, como por exemplo o brócolo chinês.

1 pound potatoes
9 cups water
2 teaspoons salt
5 large cabbage leaves
4 tablespoons olive oil

500g de batatas
2 litros de água
2 colher de chá de sal
5 folhas de couve portuguesa
4 colheres de sopa de azeite

Peel and boil the potatoes in a large pot of salted water until they are tender. Meanwhile, chop the cabbage into very fine strips, removing the hard white stalks.

Cozem-se as batatas em água e sal, numa panela grande, até estarem bem cozidas. Entretanto, corta-se a couve o mais finamente possível, retirando o caule.

When the potatoes are cooked, blend them in the pot into a thick broth, adding more water if necessary to obtain a creamy consistency. Return to a boil. As it starts to boil, add the cabbage and olive oil and cook until the cabbage is tender. To bring out the rich green color, let the soup boil without covering the pot with a lid.

Quando as batatas estiverem cozidas, desfazem-se com a varinha até ficarem em caldo grosso. Se for necessário junta-se mais água, para manter uma consistência cremosa. Deixa-se levantar fervura e junta-se a couve e o azeite, deixando ferver até a couve estar tenra. Para que o caldo fique mais verdinho, deixa-se cozer a sopa sem colocar a tampa na panela.

This soup is best served with a couple of slices of chouriço and homemade bread.

Esta sopa sabe melhor com algumas, rodelas de chouriço e um bom pão caseiro.

Sopa de Feijão Verde
Green Bean Soup

Green bean and spinach soups are both very light and tasty, generally served as appetizers before a hearty meal.

As sopas de feijão verde e a de espinafres são muito leves e saborosas, usualmente servidas como entrada para uma refeição mais forte.

9 cups water

1 pound potatoes, peeled and quartered

1 onion, quartered

1 cup green beans, cut into diagonal strips

2 teaspoons salt (or to taste)

2 tablespoons olive oil

2 litros de água

500g de batatas, descascadas e cortadas em quatros

1 cebola

250g de feijão verde, cortado ás tirinhas diagonais

2 colher de chá de sal (q.b.)

2 colheres de sopa de azeite

Bring the water, potatoes, and onion to a boil in a large pot. When well cooked, blend the ingredients into a thick broth and add the green beans. Season with salt and olive oil, and cook until the beans are tender.

Numa panela grande, deixa-se ferver a água, batatas e cebola. Quando está tudo bem cozido, desfaz-se com a varinha e junta-se o feijão verde. Tempera-se com sal e azeite. Deixa-se cozer até os feijões estarem tenros.

Sopa de Espinafres
Spinach Soup

1 pound potatoes, peeled and quartered	*500g de batatas, descascadas e cortadas em quatro*
9 cups water	*2 litros de água*
2 tablespoons olive oil	*2 colheres de sopa de azeite*
2 teaspoons salt (or to taste)	*2 colher de chá de sal q.b.*
1 bunch spinach, chopped	*1 molho de espinafres*

Boil the potatoes in the water until tender. Blend them into a creamy but not-too-thick broth, adding more water if needed. Add the olive oil and season with salt. Return to a boil, adding the spinach. Cook for a few minutes, or until the spinach is tender.

Cozem-se as batatas e desfazem-se com a varinha até ficarem em caldo grosso mas não muito espesso, se for necessário, acrescenta-se água. Tempera-se com sal e junta-se o azeite. Deixa-se levantar fervura e juntam-se os espinafres cortados em pedaços pequenos e coze-se até os espinafres estarem tenros.

Sopa de Feijão
Red Bean Soup

This is very nourishing and fortifying soup, popular in rural communities and throughout Portugal. A simple yet sturdy combination of beans, potatoes, and cabbage, it stands well as a meal in itself. My mother likes to add a little chouriço to bring out a richer flavor, which is highly recommended, but you can also use presunto.

1 ¼ cups dried red kidney beans

12 cups water

1 pound potatoes

2 carrots

1 onion

½ cabbage, finely shredded

3 tablespoons olive oil

1 teaspoon salt (or to taste)

Soak the beans overnight in plenty of water. Drain and rinse well, then cook in salted water for approximately one hour, or until tender. Peel and quarter the potatoes, carrots, and onion, then add to the beans. Bring to a boil, letting them cook well. Once all the ingredients are thoroughly cooked, reduce the heat and blend in the pot. Return to the heat and add the cabbage. Bring to a boil once again, adding the olive oil and more salt to taste if needed. Let the soup cook until the cabbage is tender.

Esta é uma sopa mais forte e nutritiva, muito popular em todo o país, em especial no meio rural. Esta sopa baseada numa simples combinação de vegetais pode ser servida como refeição principal. A minha mãe gosta de lhe juntar um pouco de chouriço para lhe enriquecer o sabor, o que aconselho vivamente, mas também se pode usar presunto.

250g de feijão encarnado, seco

3 litros de água

500g de batatas

2 cenouras

1 cebola

fi couve

3 colheres de sopa de azeite

1 colher de chá de sal q.b.

O feijão encarnado precisa de ser posto de molho, de véspera. Depois de demolhado, lava-se bem o feijão e coze-se em água e sal, durante aproximadamente uma hora ou até estar tenro. Descascam-se e cortam-se em quartos as batatas, as cenouras e a cebola e juntam-se ao feijão. Ferve-se novamente e deixa-se cozer tudo muito bem. Quando os ingredientes estiverem bem cozidos, desfazem-se com a varinha e junta-se a couve cortada miúda. Ferve-se novamente, reduz-se o lume e junta-se o azeite e mais sal, se for necessário. Deixa-se ferver até a couve estar cozida e tenra.

Salada de Polvo
Octopus Salad

This is another family favorite—a great summer-time salad for festive family barbecues and celebrations. The juicy, tender octopus in a tangy vinaigrette marinade is mouth-watering and perfect for outdoor dining.

2 pounds 4 ounces octopus
1 onion
1 bunch parsley
3 tablespoons olive oil
1 tablespoon white wine vinegar
Salt and pepper to taste

Before cooking the octopus, wash and clean it thoroughly. Boil the octopus in a large pot with enough water to cover it completely. Cook until it is tender, for about an hour, then drain and cut it into small pieces, placing them into a bowl.

Finely chop the onion and the parsley, and add to the octopus. Marinate in the olive oil and vinegar. Season with salt and pepper to taste, and serve.

Esta é mais uma das receitas favoritas da nossa família. A combinação do polvo com o molho avinagrado é a salada ideal para festas familiares, churrascadas e outras celebrações. Este prato delicioso é também muito popular nas refeições ao ar livre, durante o Verão.

1 kg de polvo
1 cebola
1 ramo de salsa
3 colheres de sopa de azeite
1 colher de sopa de vinagre branco
Sal e pimenta q.b.

Antes de ser cozinhado, o polvo deve ser bem limpo e lavado. Coloca-se o polvo numa panela com água suficiente para o cobrir.completamente. Coze-se até o polvo estar tenro. Escorre-se bem, e corta-se em pedaços pequenos, que se colocam numa saladeira.

Junta-se a cebola e a salsa finamente picadas, rega-se com azeite e vinagre e tempera-se com pimenta e sal a gosto.

Amêijoas

Clams

Clams are one of many seafood dishes preferred by the Portuguese. Not only are they great on their own as a light meal, or petisco, but they are also used with pork in main meals. When buying clams, be sure that they are fresh and are still alive, otherwise they do not open when cooked and are not suitable to eat.

As amêijoas são um dos mariscos mais apreciados pelos portugueses. Podem ser servidas como entrada ou petisco, mas também são usadas em receitas com carne de porco. As amêijoas devem ser compradas frescas e vivas. Caso não sejam frescas não abrem ao cozinhar e não devem ser consumidas.

2 pounds 4 ounces clams
1 onion
3 tablespoons olive oil
2 cloves garlic, finely chopped
1 bay leaf
½ cup parsley, finely chopped
½ teaspoon salt
Pinch of ground pepper or chili powder

1kg de amêijoas
1 cebola
3 colheres de sopa de azeite
2 dentes alho picados
1 folha de louro
½ chávena de salsa, bem picada
½ colher de chá de sal
Uma pitada de pimenta ou piri-piri

Place the clams in salted water for a few hours to remove all the sand. Wash them thoroughly prior to cooking.

Finely chop the onion and cook with the oil in a large pot. Add the chopped garlic and the bay leaf, and cook until golden brown. Then add the clams and parsley, and season with salt and pepper or chili powder. Cook over high heat with the lid on, shaking the pot now and then, for about 5–10 minutes, until the clams open. Discard any clams that do not open, and serve while hot.

Põem-se as amêijoas em água com bastante sal durante umas horas, para largarem toda a areia. Lavam-se bem em várias águas antes de serem preparadas.

Num tacho aloura-se a cebola picada e junta-se o alho e o louro. Em seguida, juntam-se as amêijoas e a salsa. Tempera-se com sal e pimenta ou piri-piri e deixa-se cozinhar em lume forte com o tacho tapado, sacudindo-se de vez em quando, aproximadamente 5-10 minutos, até as amêijoas abrirem. Retire as amêijoas que não abrirem e sirva quente.

Moelas

Portuguese-style Marinated Giblets

This is another very popular petisco in taverns, bars, and cafés in Portugal. It is a great and very tasty light meal or appetizer, usually served with some good homemade bread for dipping in the rich and spicy sauce.

As moelas são um petisco muito popular nas tavernas, bares e cafés de Portugal. Podem também ser servidas como uma entrada acompanhada com pão caseiro para molhar no seu suculento molho picante.

2 pounds 4 ounces chicken giblets
½ teaspoon salt
Pinch of ground pepper or chili powder
4 cloves garlic, minced
½ teaspoon paprika
2 bay leaves
1 cup white wine
1 onion
3 tablespoons olive oil
2 ounces chouriço, cut into pieces
2 ounces presunto, cut into pieces
2 tablespoons tomato paste
Generous 1 cup water

1kg de moelas
½ colher de chá de sal
Uma pitada de pimenta ou piri-piri
4 dentes de alho pisados
½ colher de chá de colorau
2 folhas de louro
1 copo de vinho branco
1 cebola grande
3 colheres de sopa de azeite
50g de chouriço, cortado em rodelas
50g de presunto, cortado em pedaços
2 colheres de sopa de tomate em pasta
250ml de água

Prepare the giblets by cleaning them and removing any fat. Cut into small pieces and marinate with the salt, pepper (or chili), minced garlic, paprika, bay leaves, and white wine, and refrigerate overnight. Finely chop the onion and cook in the olive oil until golden. Add the chouriço, presunto, tomato paste, water, and the giblets with the marinade. Bring to a boil and simmer until well cooked and tender (about 1 hour over moderate heat), adding more water if necessary. Season with salt and pepper to taste, and serve.

Lavam-se bem as moelas e limpam-se de toda a gordura. Cortam-se em pedaços pequenos e põem-se a marinar com sal, alho pisado, colorau, louro, pimenta (ou piri-piri) e vinho branco. Deixa-se a marinar de um dia para o outro. Aloura-se a cebola picada no azeite, junta-se o chouriço, o presunto, a pasta de tomate e as moelas juntamente com molho da marinada e água. Deixa-se ferver e cozer bem (aprox. 1 hora em lume brando) e vai-se juntando um pouco de água para não secar o molho. Rectificam-se os temperos se for necessário e serve-se.

Pão Caseiro
Home-style Bread

Bread is one of the staple ingredients of the Portuguese table. The aroma of home-baked bread is delicious—there is nothing quite like it. My grandmother would make this bread at least twice a week, and my mother learned this from her by watching and picking up the tricks and techniques of the old ways. She would mark the dough with a cross before leaving it to rise, knowing that, when the cross disappeared, the bread would be ready to bake in her old, wood-fired oven. Strong and crusty on the outside and soft and full-flavored on the inside, there is nothing tastier than this fresh, hot, crusty bread right out of the oven, spread with a little butter.

O pão é um alimento indispensável na mesa portuguesa. O cheiro do pão caseiro é delicioso e incomparável. A minha avó costumava fazer este pão duas vezes por semana. A minha mãe aprendeu com ela os seus segredos, técnicas e antigas tradições, tais como fazer uma cruz em cimo do pão amassado para saber quando estava lêvedo. Quando a cruz desaparecia o pão estava pronto para ir ao forno.a cozer. Nos tempos da minha avó, era sempre feito nos antigos fornos de e ficava com uma côdea estaladiça e bem fofo por dentro. Não há nada mais saboroso do que uma fatia de pão caseiro quentinho com manteiga.

4½ cups all-purpose flour
2 teaspoons dry yeast
Pinch of salt (more or less to taste)
1½ cups water, or more if necessary

500g de farinha
2 colheres de chá de fermento granulado,
tipo leverina
Uma pitada de sal q.b.
350ml de água ou mais se for necessário

Mix together the flour, yeast, and salt in a large mixing bowl and make a well in the center. Pour the water in slowly, stirring it through the dry ingredients until it forms a dough, adding more water if necessary.

Mistura-se a farinha com o fermento e o sal num recipiente. Faz-se um buraco no meio da farinha, deita-se a água e mexe-se bem, juntando-se mais água, se for necessário.

Mix and knead well, until the dough becomes smooth and elastic. Form the dough into a

Amassa-se bem até a massa ficar macia e elástica. Forma-se uma bola com a massa e

ball and coat with flour. Cover and leave to prove in a warm place until it doubles in size.

Once the dough has proved, form it into the shape and size you desire and place it on a baking sheet. Bake in a preheated oven at 400° F until it becomes golden and crispy on top. Be sure not to overcook it, because it tends to become very hard.

cobre-se com farinha. Tapa-se bem e deixa-se a levedar num lugar quente até crescer para o dobro do volume.

Quando a massa estiver lêveda, molda-se o pão no formato e tamanho a gosto. Coloca-se num tabuleiro e vai a cozer em forno bem quente a 200° C, até começar a apresentar uma côdea dourada e estaladiça. Não se deve deixar cozer demasiado para não ficar muito seco e duro.

Pratos Principais
Main Courses

My mother has distinct memories of some of the tasty seafood dishes she had experienced growing up in a small rural village in Portugal. One of these was the *Caldeirada de Peixe*—Fisherman's Stew. The meal would be cooked down by the river as the men brought in their catch. The women prepared this amazing stew by layering the fish with potatoes, onions, and tomatoes, letting it stew over an open fire. The freshness of all the ingredients would add an amazing depth of flavor. Over time, my mother has taken on what she learned and saw as a child and made it her own, adding different ingredients depending on what she had on hand.

This stew is a popular favorite in Portugal, especially around coastal towns but also throughout inland rural areas. There are numerous variations from region to region. This is the way Portuguese cuisine has grown—

A minha mãe tem nítidas recordações de alguns dos deliciosos pratos de peixe que provou na pequena aldeia portuguesa onde cresceu. Um dos pratos preferidos era a Caldeirada de Peixe, que em dias de Verão era preparada à beira do rio, com o peixe apanhado pelos homens. As mulheres preparavam este saboroso prato, pondo em camadas numa grande panela as batatas, tomates, cebolas e peixe deixando cozinhar sobre o lume brando. Com o tempo, tendo em conta aquilo que aprendeu em criança a minha mãe aprendeu a juntar outros ingredientes que tenha à mão e criou a sua própria caldeirada.

A caldeirada é um prato muito popular em todo o Portugal, mas principalmente nas zonas costeiras. Existem muitas variações da receita original, de acordo com as regiões. Esta foi a forma de evolução da cozinha

the homegrown, rustic ways of the old have become more refined as they are handed down through the generations and as each person makes them his or her own. The recipes have developed as people have learned from each other and passed on their secrets over time.

Main meals are the heart of Portuguese cuisine. They are strong-flavored, even heavy at times, and their usually large servings make them very filling and satisfying. Lunch has traditionally been the most important and biggest meal of the day in Portugal. Most businesses close for at least an hour for lunch. Siestas—short naps after lunch—are still very popular in rural communities and demonstrate just how seriously the Portuguese take their meals.

The most popular Portuguese meals are a strong reflection of the country's roots and its people. The seafood dishes really exemplify the rich fishing culture that has shaped the nation's cuisine. The beef, pork, and poultry show the versatility of the meat and the marinades that really distinguish these dishes. The ingredients used to preserve

portuguesa. As receitas tradicionais e caseiras dos mais velhos tornaram-se mais refinadas à medida que foram passando de geração em geração e cada pessoa tem a sua própria receita. As receitas evoluíram à medida que as pessoas aprenderam umas com as outras e foram passando esses segredos.

O prato principal é o centro da cozinha portuguesa e estes pratos são geralmente muito condimentados, por vezes até pesados e são servidos em grandes quantidades. O almoço é tradicionalmente a refeição principal e a mais importante do dia. É costume em Portugal, a maioria dos lojas fecharem durante uma hora para o almoço, o que demonstra que esta refeição não deve ser feita à pressa. Nas comunidades rurais, as sestas, depois do almoço, são ainda muito populares. Assim demonstrando como os portugueses levam a sério as suas refeições assim como os Portugueses apreciam as suas refeições.

As refeições portuguesas mais populares reflectem bem as raízes do país e dos seus habitantes. Os pratos de peixe ilustram bem a

produce were once simply a necessity, but they have since become distinctive elements in Portuguese cooking. So much of the flavor and uniqueness in each dish lies in its preparation. The versatility of the ingredients —wine, olive oil, garlic, and spices— augment the Portuguese flavors and reflect the region's deep history and foreign influences. From the humble farmer's crop to the exploration of the wider world by sea, the Portuguese have clearly held onto what defined them as a nation through their food.

riquíssima cultura de pesca que tem modelado a cozinha nacional. As carnes de vaca, porco e de aves e os seus diferentes temperos mostram a diversidade do gosto dos portugueses. A preparação e conservação dos ingredientes, que eram uma necessidade, tornaram-se num elemento característico da cozinha portuguesa. A versalidade e variedade dos ingredientes, desde o vinho, azeite, alho até às especiarias, acentuam o sabor português e são um reflexo da história de cada região e das influências estrangeiras. Da agricultura, até à exploração dos oceanos, os portugueses mantêm as qualidades que os definem como uma nação, através da sua culinária.

portugal 1964?

Aro, portugal 1968

Caldeirada de Peixe
Fisherman's Stew

For this stew, any type of fish with firm flesh can be used. Fish that are good for stews or soups include swordfish, tuna steaks, squid, sardines, skate, and mullet. Shellfish such as mussels and clams are also ideal.

Para esta caldeirada, o peixe deve ser firme. Pode-se usar qualquer peixe que seja próprio para sopas ou caldeiradas, tais como filetes, peixe espada, atum fresco, lulas, sardinhas, amêijoas e mexilhões.

3 onions, finely sliced	*3 cebolas cortadas em rodelas finas*
4 pounds 8 ounces fish	*2kg de peixe*
4 pounds 8 ounces potatoes, medium sliced	*2kg de batatas cortadas em rodelas médias*
4 ripe tomatoes, diced	*4 tomates, maduros e cortados em cubos*
1 teaspoon salt	*1 colher de chá de sal*
½ teaspoon hot pepper sauce	*½ colher de chá de molho piri-piri ou tabasco*
3 bay leaves	*3 folhas de louro*
1 bunch parsley, chopped	*1 ramo de salsa*
Scant 1 cup olive oil	*200ml de azeite*
Generous 1 cup white wine	*250ml de vinho branco*
2¼ cups water	*500ml de água*

In a large stew pot, place alternating layers of onions, fish, potatoes, and tomatoes. Season with the salt, hot pepper sauce, bay leaves, and parsley, and pour the olive oil and white wine over, adding water until the top layer is completely covered. Bring to a boil, reduce the heat, and simmer. Do not stir, but shake the pot occasionally and simmer until the potatoes are well cooked and soft. Remove the bay leaves before serving.

Num tacho grande, colocam-se camadas alternadas de cebola, peixe, batatas e tomate. Tempera-se com sal, piri-piri, louro, salsa e rega-se com o azeite, o vinho branco e água suficiente até cobrir a última camada. Vai ao lume e coze-se em lume brando, sem mexer, mas abanando a panela de quando em vez. Deixa-se cozer até as batatas ficarem bem cozidas.

Feijoada à Portuguesa

Portuguese Bean Stew

A sturdy traditional country dish, *feijoada* is very popular throughout rural Portugal. Traditionally it contains large portions of preserved pork meats such as salted pork ribs, pigs' feet, *toucinho* (a meat similar to bacon), chouriço, and *morcela* (a type of blood sausage similar to black pudding). It can also be made with fresh meats instead of salted ones.

A Feijoada é um prato bastante pesado e muito popular nas zonas rurais de Portugal. Para este prato usa-se uma variedade de carnes de porco, tais como: costeletas de porco salgadas, pé de porco, toucinho, chouriço e morcela. Também pode ser feito com carnes frescas em vez de carnes fumadas. pode ser feito também com carne fresca magra de porco ou vaca.

---

2 pounds 4 ounces dried lima beans

1 tablespoon salt

1 chouriço

1 morcela (or black pudding or blood sausage)

7 ounces toucinho (or bacon)

12 ounces lean pork meat

1 onion, chopped

¼ cup olive oil

½ stick margarine or butter

Optional: 12 ounces salted pork ribs or smoked ribs and ham hock

1kg de feijão branco, seco

1 colher de sopa de sal

1 chouriço

1 morcela ou chouriço de sangue

200g de toucinho fumado

350g de carne de porco magra

1 cebola picada

4 colheres de sopa de azeite

50g de margarina ou manteiga

Facultativo: 350g de entrecosto salgado e 1 chispe salgado

Soak the beans in cold water overnight. Drain, rinse, then boil the beans in plenty of water, with the salt, until well cooked (appoximately 5–10 minutes). In a separate pot, boil the meats in unsalted water. Cook until tender and set aside, reserving the broth. In another pot, fry the onion in the olive oil and margarine until golden. Cut the cooked meats into pieces and add to the onion. Bring to a boil and cook for 15 minutes, adding a little of the reserved broth from the meats a bit at a time. Season with salt, if necessary, then add the beans. Let simmer for a while, then serve hot.

Demolha-se o feijão de véspera. Coze-se o feijão numa panela com bastante água e sal, até estar cozido (aprox. 5–10 minutos). À parte, cozem-se as carnes em bastante água sem sal. Quando estiverem cozidas colocam-se de lado juntamente com o caldo. Noutra panela, refoga-se a cebola com o azeite e margarina até alourar. Juntam-se as carnes cozidas e cortadas em pedaços. Deixa-se ferver durante 15 minutos e vai-se juntando, aos poucos, o caldo da cozedura. Se for necessário tempera-se com sal e junta-se o feijão cozido. Deixa-se apurar e serve-se quente.

Favas com Chouriço

Fava Beans with Chouriço

Fresh fava beans are very popular in Portuguese cooking, and they can be cooked in numerous ways. This is a very tasty recipe using some popular Portuguese delicacies, such as presunto and chouriço.

As favas são muito populares na cozinha portuguesa e podem ser cozinhadas das mais variadas formas. Esta receita é rápida e muito saborosa, na qual se usam deliciosos chouriços e presuntos portugueses.

1 onion, finely chopped
3 tablespoons olive oil
1 chouriço, thinly sliced
3½ ounces presunto, chopped into small pieces
Generous 1 cup white wine
2 pounds 4 ounces fava beans
Generous 1 cup water
1 teaspoon salt (or to taste)

1 cebola picada
3 colheres de sopa de azeite
1 chouriço, cortado em rodelas finas
100g de presunto, cortado em pedaços pequenos
250ml de vinho branco
1kg de favas
250ml de água
1 colher de chá de sal, q.b.

Fry the onion in a small pot with the olive oil until golden. Add the chouriço, presunto, and white wine. Bring to a boil, then add the fava beans and water.

Season with salt to taste and simmer for approximately 10 minutes, or until the beans are well cooked.

Refoga-se a cebola no azeite, até ficar dourada. Juntam-se as rodelas de chouriço, os pedaços de presunto e o vinho branco. Deixa-se apurar em lume brando e juntam--se as favas e a água.

Tempera-se com sal e deixa-se ferver durante 10 minutos até as favas estarem tenras.

Bacalhau à Brás
Salted Cod à Brás

1 pound 12 ounces salted cod, soaked and washed
1 pound potatoes, cut into thin strips
Vegetable oil, for frying
3 large onions, thinly sliced
3 cloves garlic, finely chopped
Scant ½ cup olive oil
6 eggs
Pinch of salt and pepper (or to taste)
1 bunch parsley, finely chopped
Black olives for garnish

800g de bacalhau demolhado
500g de batatas cortadas em palitos
100ml de azeite
3 cebolas grandes cortadas em rodelas finas
3 dentes de alho picado
100ml de sopa de azeite
6 ovos
Uma pitada de sal e pimenta q.b.
1 ramo de salsa
Azeitonas pretas para enfeitar

Pull the salted cod into small strips using your fingers, and remove the skin and bones. Fry the potato strips in some vegetable oil until lightly golden. Drain off excess oil by placing them on paper towels and set aside.

In a large skillet, cook the sliced onions and the garlic in the olive oil until golden. Add the cod and cook over low heat for a few minutes, stirring continuously. Lightly beat the eggs with the salt and pepper, then add the potato strips and egg mixture to the large skillet and stir well until the eggs are cooked. Place into a large serving dish, then sprinkle with finely chopped parsley and black olives. Serve hot.

Desfia-se o bacalhau usando as mãos e retiram-se todas as peles e espinhas. Fritam-se as batatas em óleo até alourarem. Deixam-se escorrer em papel absorvente e colocam-se à parte.

Leva-se ao lume uma frigideira grande com o azeite, as cebolas e o alho picado, até a cebola alourar. Junta-se o bacalhau desfiado e cozinha-se em lume brando por alguns minutos, mexendo continuamente. Adicionam-se as batatas fritas e os ovos batidos com sal e pimenta. Mexe-se bem até os ovos cozerem. Coloca-se numa travessa e enfeita-se com salsa picada e azeitonas pretas. Serve-se quente.

Bacalhau à Gomes-Sá

Salted Cod à Gomes-Sá

2 pounds 4 ounces salted cod, soaked and washed

2 pounds 4 ounces potatoes

1 large onion, thinly sliced

3 cloves garlic, finely chopped

1 bay leaf

⅔ cup olive oil

1 tablespoon salt

Pinch of pepper

4 eggs, hard-boiled, shelled, and sliced

½ cup finely chopped parsley

Black olives for garnish

1kg de bacalhau demolhado

1kg de batatas

1 cebola grande

3 dentes de alho

1 folha de louro

150ml de azeite

1 colher de sopa de sal

Uma pitada de pimenta

4 ovos cozidos

½ chávena de salsa picada

Azeitonas pretas para enfeitar

Place the cod in a large pot with enough water to cover it. Bring to a boil and cook until tender. When cooked, skin and bone the cod and pull it into thin strips. Boil the potatoes in salted water, whole with skin on, until tender. Peel and cut the potatoes into medium slices and set aside. Fry the onion, garlic, and bay leaf in the olive oil in a large skillet until the onion is golden. Add the cod and potatoes, and fry for 2 more minutes, stirring continuously. Remove from the heat and season with pepper and more salt if necessary. Place into a baking dish and bake in a preheated oven at 400°F for 5–10 minutes, until lightly golden. When ready to serve, decorate with the egg slices and sprinkle with the parsley and black olives.

Coze-se o bacalhau numa panela com água suficiente para o cobrir completamente. Quando estiver cozido, tiram-se as peles e as espinhas e desfia-se. À parte, cozem-se as batatas com a pele, até estarem bem cozidas. Descascam-se e cortam-se em rodelas médias e colocam-se à parte. Coloca-se uma frigideira grande ao lume, com o azeite, a cebola cortada em finas rodelas, o alho picado e o louro. Deixe-se fritar até a cebola alourar. Junta-se o bacalhau e as batatas e salteiam-se durante 2 minutos. Retira-se do lume e tempera-se com pimenta e sal, se for necessário, coloca-se num tabuleiro e leva-se ao forno a alourar a 200ºC, durante 5-10 minutos. Descascam-se os ovos cozidos e cortam-se em rodelas. Tira-se o bacalhau do forno, enfeita-se com os ovos, a salsa picada e as azeitonas pretas.

Bacalhau com Presunto
Salted Cod with Presunto

4 thick pieces salted cod, soaked and washed	*4 postas grossas de bacalhau demolhado*
4 medium-thick slices presunto	*4 fatias de presunto médias*
2 onions, thinly sliced	*2 cebolas, cortadas em fatias finas*
2 cups canned peeled tomatoes, chopped	*400g lata de tomate pelado*
1 bay leaf, finely chopped	*1 folha de louro*
⅔ cup olive oil	*150ml de azeite*
½ teaspoon paprika	*½ colher de chá de colorau*
½ teaspoon ground pepper	*½ colher de chá de pimenta*
1 teaspoon dry bread crumbs	*1 colher de chá de pão ralado*

With a sharp knife, remove the skin of the cod, then carefully cut open, making a slit along the length of each piece but without separating into two halves. Fill each piece with a slice of presunto. In a baking dish, arrange the onions in a layer and top with the canned tomatoes. Add the finely chopped bay leaf, then place the stuffed cod pieces on top. Drizzle with the olive oil and season with paprika, ground pepper, and bread crumbs. Bake at 350°F for about 30 minutes, occasionally basting with some of the juices to keep it from drying out. Remove from the oven when the cod is well cooked and golden.

Com uma faca bem afiada, retira-se a pele ao bacalhau. Com cuidado, abrem-se as postas ao meio a todo o comprimento, mas sem separar as duas metades. Recheia-se cada posta com uma fatia de presunto. Numa assadeira, coloca-se uma camada de cebola e a lata de tomate pelado previamente esmagado. Junta-se a folha de louro, partida em pedaços e por cima colocam-se as postas de bacalhau. Rega-se com azeite e polvilha-se com colorau, pimenta e pão ralado. Assa-se no forno aproximadamente 30 minutos, regando de vez em quando com o molho, para evitar que o bacalhau se queime. Retira-se quando o bacalhau estiver bem assado e dourado.

Bacalhau com Natas

Salted Cod in Cream

4 thick pieces salted cod, soaked and washed

2½ cups milk

1 onion, thinly sliced

¼ cup olive oil

2 tablespoons all-purpose flour

2 pounds 4 ounces potatoes, peeled and cubed

Vegetable oil for frying

Scant 1 cup heavy cream

Pinch each of salt, ground pepper, and nutmeg

½ cup grated Cheddar cheese

Place the cod in a large pot with the milk and bring to a boil. Let simmer until the cod is tender. Drain the cod, reserving the milk, and set aside. Cut the cod into thin strips, removing the bones.

Fry the onion in the olive oil until golden. Add the cod and cook until the cod is golden, taking care not to overcook. Add the flour, mixing well, and then add the reserved milk. Let thicken, stirring occasionally.

Fry the potatoes in some vegetable oil until crispy. Drain them and add to the cod, seasoning with salt, pepper, and nutmeg to taste. Place in a greased baking dish, pour the heavy cream over the top, and sprinkle with the grated cheese. Bake at 350°F for 15 minutes, or until golden.

4 postas de bacalhau grosso, demolhado

600ml de leite

1 cebola, em rodelas finas

4 colheres de sopa de azeite

2 colheres de sopa de farinha

1 kg de batatas

Óleo para fritar

200ml de natas

Uma pitada de sal, pimenta e noz moscada

½ chávena de queijo ralado

Coze-se o bacalhau com o leite, deixando ferver até ficar bem cozido. Escorre-se bem, reservando o leite. À parte, desfia-se o bacalhau.

Corta-se a cebola em rodelas muito finas e leva-se ao lume com o azeite até alourar ligeiramente. Junta-se o bacalhau desfiado e coze-se até alourar, mas não ficar seco. Polvilha-se com a farinha, mexe-se e rega-se com o leite de cozer o bacalhau.

Deixa-se engrossar, mexendo de vez em quando. Descascam-se e cortam-se as batatas em cubos e fritam-se no óleo. Põem-se a escorrer e juntam-se ao bacalhau, temperando com sal, pimenta e noz moscada, a gosto. Deita-se num tabuleiro untado, espalham-se por cima as natas e polvilha-se com queijo ralado. Leva-se ao forno durante 15 minutos ou até alourar.

94

Bacalhau no Forno
Oven-Baked Salted Cod

4 pieces salted cod, soaked and washed
2½ cups milk
Scant ½ cup olive oil
Ground black peppercorns to taste
4 medium onions, thinly sliced
4 cloves garlic, finely chopped
6 tablespoons port

Place the cod into a bowl and cover with the milk. Add 1 tablespoon of the olive oil and some ground peppercorns. Leave to marinate for approximately 1 hour, then drain.

Spread a small amount of the remaining olive oil in a baking dish, then cover the bottom of the dish with half the onions. Place the drained cod over the top of the onions, without overlapping the cod pieces. Sprinkle with the garlic and cover with the remaining onions. Pour the port and the remaining olive oil over the dish, then cover with aluminum foil and bake at 325°F for 45 minutes, basting with some of its juices during cooking to prevent drying.

Remove the foil and bake uncovered for another 5 minutes. Serve with mashed potatoes and a fresh green salad.

4 postas de bacalhau, demolhado
600ml de leite
100ml de azeite
Pimenta em grão q.b.
4 cebolas médias, em rodelas finas
4 dentes de alho, finament picados
6 colheres de sopa de vinho do Porto

Colocam-se as postas de bacalhau dentro dum pirex e cobrem-se com leite. Junta-se 1 colher de sopa de azeite e alguns grãos de pimenta pisados e deixa-se marinar durante 1 hora.

Põe-se azeite numa assadeira e espalham-se no fundo 2 cebolas cortadas em rodelas. Por cima, colocam-se os filetes de bacalhau escorridos, mas sem os sobrepor. Polvilham-se com os alhos picados e cobrem-se com a restante cebola. Rega-se com vinho do Porto e uma boa porção de azeite. Tapa-se a assadeira com papel de alumínio e assa-se no forno moderado durante 45 minutos, deitando por cima o molho que se for formando, para evitar que seque.

Retira-se o papel de alumínio, e deixa-se apurar mais 5 minutos. Serve-se acompanhado de puré de batata e salada de alface.

Bacalhau da Consoada

Christmas Eve Salted Cod

This simple recipe of *bacalhau* is traditionally served at Christmas Eve dinner and is an important part of Portuguese Christmas festivities.

Esta receita simples de bacalhau é tradicionalmente servida no jantar da Consoada, sendo um prato importante nas na quadra natalícia portuguesa.

1 pound 2 ounces salted cod, soaked and washed
2 pounds 4 ounces potatoes
2 pounds 4 ounces cabbage (or Chinese kale)
2 teaspoons salt
4 hard-boiled eggs
Scant ½ cup olive oil
Vinegar to taste
3 cloves of garlic, finely chopped

500g de bacalhau, demolhado
1kg de batatas
1kg de couve portuguesa
2 colheres de chá de sal
4 ovos
100ml de azeite
Vinagre q.b.
3 dentes de alho picados

Remove the skin and bones from the cod, and cut into generous pieces. Cut the potatoes in half and place them in a large pot with the cod. Cover with water and cook until tender, then drain. In another pot, cook the cabbage in salted water until tender, then drain. Shell the hard-boiled eggs, cut them in half, and set aside.

On a large serving tray, arrange the pieces of cod, the cabbage leaves, the potatoes, and the eggs and dress with the combined olive oil, vinegar, and garlic. Serve while hot.

Tiram-se a pele e as espinhas ao bacalhau e corta-se em postas. Numa panela com água a ferver, cozem-se as batatas cortadas ao meio e as postas de bacalhau. Escorrem-se. À parte, cozem-se as couves em água e sal e escorrem-se quando tenras. Separadamente cozem-se os ovos com casca. Depois descascam-se, partem-se em dois e colocam-se à parte.

Numa travessa colocam-se as postas de bacalhau, as folhas de couve, as batatas e os ovos e tempera-se com azeite, vinagre e alho a gosto. Serve-se quente.

Arroz de Bacalhau

Tomato and Salted Cod Rice

1 large piece salted cod, soaked and washed
1 large onion, finely chopped
3 tablespoons olive oil
3 ripe tomatoes, peeled and chopped
1 cup rice, washed and drained
Generous 3 cups hot water
½ teaspoon salt (or more to taste)
Pinch of ground pepper

1 posta grande de bacalhau, demolhado
1 cebola grande
3 colheres de sopa de azeite
3 tomates maduros
1 chávena de arroz, lavado e escorrido
750ml de água quente
½ colher de chá de sal q.b.
Uma pitada de pimenta

Thoroughly wash the cod and pull into little strips, removing the skin and bones.

Fry the onion lightly in the olive oil, add the cod, and stir continuously until cooked and lightly golden. Add the peeled and chopped tomatoes, stirring well until they have broken up. Add the rice and hot water and season with salt and pepper to taste. Bring to a boil, then let simmer until the rice is done.

Lava-se muito bem o bacalhau, desfia-se e tiram-se as peles e espinhas.

Refoga-se ligeiramente a cebola no azeite e junta-se o bacalhau, mexendo bem até refogar e alourar. Descasca-se o tomate e corta-se em pedaços pequenos, juntando-o ao ao bacalhau e à cebola, mexendo bem até o tomate ficar dissolvido. Junta-se então o arroz e acrescenta-se a água bem quente. Tempera-se com sal e pimenta e deixa-se cozinhar em lume brando até o arroz abrir.

Arroz de Marisco

Seafood Rice

Arroz de Marisco is a seafood dish from the coastal regions of Portugal that has become very popular nationwide. It includes many delicious ingredients and makes for quite a rich seafood feast.

O Arroz de Marisco é um prato originário das regiões costeiras de Portugal, que se tornou bastante popular no resto do país. Inclui ingredientes deliciosos e é óptimo prato para um banquete de marisco.

2 onions, finely chopped	*2 cebolas picadas*
2 cloves garlic, finely chopped	*2 dentes de alho picados*
½ cup margarine or 1 stick butter	*100g de margarina ou manteiga*
2 ripe tomatoes, peeled, seeded and chopped	*2 tomates maduros, pelados e partidos*
1 crab, quartered	*1 sapateira*
1 pound 2 ounces shrimp	*500g de camarão*
1 red chili pepper, chopped	*1 malagueta picada*
1 teaspoon paprika	*1 colher de chá de colorau*
1 teaspoon salt	*1 colher de chá de sal*
Pinch of ground pepper	*Uma pitada de pimenta*
2 tablespoons tomato paste	*2 colheres de sopa de concentrado de tomte*
Scant ½ cup white wine	*100ml de vinho branco*
1 green bell pepper, cut into thin strips	*1 pimento verde*
1½ cups of rice	*300g de arroz*
2¼ cups water	*500ml de água*
9 ounces mussels	*250g de miolo de mexilhão*
1 pound 2 ounces clams	*500g de amêijoas*
1 bunch cilantro, chopped	*1 raminho de coentros*

Cook the onions with the garlic in margarine or butter in a large but shallow pot until golden. Add the tomatoes to the onions. Add the crab and shrimp. Season with chopped chili,

Refogam-se as cebolas e o alho na margarina ou em manteiga, numa panela larga e pouco funda. Junta-se o tomate cortado em pedaços, sem peles e sementes e acrescentam-se os

paprika, salt, and pepper, then add the tomato paste and white wine. Let simmer for about 10 minutes, then add the bell pepper and rice. Boil the water and add it to the other ingredients, correcting the seasoning if necessary, and cook for another 8 minutes. Finally, add the mussels and clams, then place the lid on the pot. Simmer for about 5–10 minutes, or until the clams open (discarding any that remain closed). Sprinkle with the cilantro and serve.

mariscos, excepto o mexilhão e as amêijoas. Tempera-se com sal, pimenta, malagueta, colorau e pimentão. Acrescenta-se o concentrado de tomate e rega-se com vinho branco. Deixa-se estufar durante 10 minutos e junta-se o pimento às tiras e o arroz. Junta-se a água a ferver, rectificam-se os temperos e deixa-se cozinhar por mais 8 minutos em lume brando. Por fim, adiciona-se o mexilhão e as amêijoas, tapa-se o tacho e deixa-se cozer até as amêijoas abrirem. Salpica-se com os coentros e serve-se quente.

Camarões no Forno

Oven-Baked Shrimp

This is a delicious and spicy way to serve shrimp. The Portuguese adore their *piri-piri* (chilies) and anything that's hot!

2 pounds 4 ounces uncooked shrimp
Scant ½ cup olive oil
1 head of garlic, thinly sliced
Scant 1 cup white wine
2 tablespoons sea salt
Chopped chili to taste

Place the shrimp in a bowl. Mix together the remaining ingredients and pour the mixture over the shrimp. Cover and leave to marinate overnight.

Place the shrimp in a baking dish and dress with the marinade. Bake in the oven at 400°F for approximately 20 minutes, turning the shrimp after 10 minutes. Serve hot with a fresh green salad.

Esta é uma maneira deliciosa e picante de servir camarões. Os portugueses adoram piri-piri e tudo o que seja bem picante!

1 kg de camarão cru
100ml de azeite
1 cabeça de alho cortado em fatias
200ml de vinho branco
2 colheres de sopa de sal grosso
Piri-piri q.b.

Põe-se o camarão num recipiente e tempera-se com o sal grosso, piri-piri, azeite, alho e o vinho branco. Deixa-se ficar a marinar durante a noite.

Colocam-se os camarões dentro dum tabuleiro, regam-se com a marinada e levam-se ao forno a uma temperatura de 200°C cerca de 20 minutos, virando os camarões a meio. Servem-se quentes com uma salada de alface.

Sardinhas na Brasa

Grilled Sardines

Along with the salted cod, sardines are undoubtedly the fish most widely consumed by the Portuguese people. They are best enjoyed in the summertime, cooked over the hot coals of a barbecue with their distinguishing aroma filling the air.

Wash 2 pounds 4 ounces large, fresh sardines.

Coat with sea salt and cook on a wire grill over hot coals, turning once.

Sardines are best enjoyed dressed with olive oil and served with boiled potatoes, charbroiled bell peppers, and a green salad.

Conjuntamente com o bacalhau, as sardinhas são, sem dúvida, o peixe mais consumido pelos portugueses. São muito apreciadas no Verão, sendo cozinhadas em grelhadores de carvão a partir dos quais, o seu aroma característico se espalha pelo ar.

Lava-se 1kg de sardinhas grandes e frescas.

Salpicam-se as sardinhas com sal grosso e levam-se a assar na brasa, virando-as uma vez.

Servem-se bem quentes acompanhadas de batatas cozidas, azeite, pimentos assados e salada.

Petingas no Forno
Traditional Oven-Roasted Sardines

This is one of my father's favorites. My grandmother used to cook the sardines over the hot coals of the wood-fired oven after baking the bread.

Este é um dos pratos preferidos do meu pai. A minha avó costumava cozinhar estas sardinhas no forno de lenha depois de cozer o pão.

2 pounds 4 ounces small sardines
¾ cup cornstarch
2 large onions, thinly sliced
2 bay leaves
3 tablespoons olive oil
1 tablespoon white wine vinegar
4 cloves garlic, finely chopped
Chopped chili to taste

1 kg de petingas
150g de farinha de milho
2 cebolas grandes cortadas em rodelas finas
2 folhas de louro
3 colheres de sopa de azeite
1 colher de sopa de vinagre branco
4 dentes de alho picados
Piri-piri q.b.

Thoroughly clean the sardines and coat with the cornstarch. Traditionally, a clay baking dish is used for this recipe, but a ceramic one can be used. Place a layer of onions and a bay leaf on the bottom of the dish, followed by a layer of the sardines. Repeat the layers, finishing with a top layer of sardines. Sprinkle with the olive oil, vinegar, garlic, and chopped chili to taste. Roast in a 350°F oven until crispy and golden brown.

Amanham-se as petingas e envolvem-se em farinha de milho. Num tabuleiro de ir ao forno, de preferência de barro, cobre-se o fundo com rodelas de cebola, uma folha de louro e uma camada de petingas. Repetem-se as camadas de cebola e petingas. A última camada deve ser de petingas. Regam-se com azeite, vinagre, junta-se piri-piri e dentes de alho e vão a assar ao forno até ficarem tostadas.

Jardineira
Veal and Vegetable Stew

1 onion, finely chopped	*1 cebola, picada*
3 tablespoons olive oil	*3 colheres de sopa de azeite*
1 pound 12 ounces veal, for stewing	*800g de carne de vaca para guisar*
2 tablespoons tomato paste	*2 colheres de sopa de polpa de tomate*
1 teaspoon salt (or to taste)	*1 colher de chá de sal, q.b.*
Pinch of ground pepper	*Uma pitada de pimenta*
Generous 3 cups water	*750ml de água*
2 carrots	*2 cenouras*
1 turnip	*1 cabeça de nabo*
2 pounds potatoes	*900g de batatas*
⅔ cup peas	*150g de ervilhas*

In a large stew pot, fry the onion lightly in olive oil. Cut the veal into cubes and add to the onion along with the tomato paste. Season with salt and pepper, then add the water. Bring to a boil, then simmer over medium heat.

After 40 minutes, add the carrots, turnip, and potatoes (all cut into small pieces), adding more water if necessary to cover the vegetables. Bring to a boil, then add the peas and cook for another 20–30 minutes, or until the vegetables are tender. Correct the seasoning as needed and serve.

Refoga-se a cebola com o azeite numa panela grande. Corta-se a carne em cubos pequenos e junta-se ao refogado, com a polpa do tomate. Tempera-se com sal e pimenta e rega-se com um pouco de água. Deixa-se cozinhar em lume brando.

Ao fim de 40 minutos, acrescenta-se a cenoura, o nabo e as batatas, todos cortado em cubos. Se necessário, adiciona-se mais água para cobrir os vegetais. Assim que começar a ferver, juntam-se as ervilhas e deixa-se cozinhar por mais 20–30 minutos. Rectificam-se os temperos e serve-se.

portugal 1962...

Carne à Alentejana

Alentejana Pork

This pork dish with clams makes an unusual but exciting and truly delicious meal. The combination may be odd, but it is a unique example of fine Portuguese cuisine and the imaginative resourcefulness of the Portuguese people.

2 pounds 4 ounces lean pork
2¼ cups white wine
½ teaspoon salt
1 teaspoon paprika
4 cloves garlic, minced
2 bay leaves
2 pounds 4 ounces clams
1 cup shortening
1 pound 10 ounces potatoes
Olive oil for deep frying
½ cup finely chopped parsley or cilantro

Cut the pork into cubes and marinate overnight in white wine, salt, paprika, garlic, and bay leaves. Prepare the clams by soaking them in salted water for at least two hours to release the sand. Drain the pork from the marinade and lightly fry it in the shortening in a large pot until golden brown, then add the marinade to the meat. Add the clams, place the lid over the pot, and let cook until the clams open, about 5–10 minutes over medium heat. Discard any clams that do not open. Meanwhile, cut the potatoes into cubes and fry them in olive oil. Mix the meat and clams with the potatoes. Sprinkle with parsley or cilantro to serve.

Este prato feito com carne de porco e amêijoas é uma refeição diferente mas deliciosa. A combinação pode parecer estranha, mas é um exemplo impar da encantadora cozinha portuguesa e da capacidade de desembaraço do povo português.

1 kg de carne de porco da perna ou do lombo
500ml de vinho branco
½ colher de chá de sal
1 colher de chá de colorau
4 dentes de alho esmagados
2 folhas de louro
1kg de amêijoas
200g de banha
750g de batatas
Óleo para fritar
½ chávena de salsa ou coentros picados

Corta-se a carne em pequenos quadrados e colocam-se de véspera a marinar em vinho branco, sal, colorau, os alhos esmagados e louro. Preparam-se as amêijoas deixando-as em água e sal, durante pelo menos 2 horas, para largarem toda a areia. Escorre-se a carne da marinada e frita-se na banha, até estar dourada, juntando depois o molho da marinada. Juntam-se as amêijoas à carne, tapa-se a panela e cozinha-se até as amêijoas abrirem. Entretanto, cortam-se as batatas em cubos e fritam-se em óleo. Misturam-se as batatas com a carne numa travessa de servir e enfeita-se com salsa picada ou coentros.

Bifanas de Porco

Pork Bifanas

6 pork steaks
4 cloves garlic, minced
1 teaspoon sea salt
1 teaspoon chili powder
2 teaspoons paprika
Generous 1 cup white wine
2 onions, thinly sliced
Scant ½ cup olive oil

6 febras de carne de porco
4 dentes de alho picados
1 colher de chá de sal grosso
1 colher de chá de piri-piri
2 colheres de chá de colorau
250ml de vinho branco
2 cebolas, cortadas em fatias finas
100ml de azeite

Coat the pork with the garlic, salt, and chili powder, 1 teaspoon of the paprika, and the white wine, and leave to marinate overnight in the refrigerator.

Fry the onions and the remaining paprika in ¼ cup of the olive oil. Remove the pork from the marinade and fry in the remaining olive oil for approximately 1 minute on each side. Serve with the onions on fresh crusty bread.

Temperam-se as bifanas com alho, sal, piri-piri, 1 colher de colorau e vinho branco. Deixam-se dum dia para o outro no frigorífico.

Fritam-se as cebolas cortadas, em 50ml de azeite e junta-se uma colher de colorau. Tiram-se as bifanas da marinada e fritam-se nos 50ml de azeite, numa frigideira grande, mais ou menos 1 minuto de cada lado. Servem-se com as cebolas dentro de um pão fresco e estaladiço.

Galinha Assada
Roasted Chicken

Portuguese chicken is deservedly famous around the world. This version of chicken takes on the traditional flavor that has become the trademark of the Portuguese culture.

½ **cup margarine or 1 stick butter**
2 cloves of garlic, crushed
½ **chili, finely chopped**
1 tablespoon vinegar
Pinch of pepper
Salt to taste
1 whole small chicken

Place all the ingredients, except the chicken, in a small mixing bowl and mix well. Coat the chicken with the marinade inside and out. Over the breast of the chicken, cut fine slits and add extra marinade to flavor the chicken thoroughly. Marinate the mixture in the refrigerator for at least 2 hours.

Roast the chicken on a spit or in the oven in a baking dish at 400°F for 20 minutes per pound, plus 20 minutes, continuously basting with the marinade until well cooked.

A galinha portuguesa é merecidamente famosa em todo o mundo. Esta receita de galinha contém o gosto tradicional, que é bem característico da cultura portuguesa.

125g de margarina ou manteiga
2 dentes de alho pisados
½ malagueta picada
1 colher de sopa de vinagre
Uma pitada de pimenta
Sal q.b.
1 frango pequeno

Misturam-se todos os ingredientes numa tigela e barra-se bem o frango por dentro e por fora. Dão-se uns golpes no peito onde se deita um pouco da marinada, para que fique mais saboroso. Fica a marinar durante 2 horas.

Coloca-se o frango a assar num espeto ou também pode ser cozinhado no forno. Barra-se constantemente com o molho.

Beef Skewers

This recipe was taught to me by my very dear friends from Madeira, where these beef skewers are very popular. The recipe has been in their family for generations. Traditionally, the meat is skewered onto bay sticks, which brings out an amazing flavor. In the absence of bay sticks, some bay leaves can be skewered along with the meat; it may not be quite as effective, but it does add to the flavor.

2 pounds 4 ounces round or sirloin beef
Bay leaves
Sea salt

Cut the meat into medium-thick cubes and thread them onto skewers along with a couple of bay leaves, to taste. Place them in a dish and coat well in sea salt. Shake off a little of the salt and place them on a well-heated barbecue. Grill, turning continuously, until the meat is cooked through.

Serve hot with a green salad and freshly baked bread.

Esta receita foi-me ensinada pelas minhas grandes amigas da Madeira, onde as espetadas são muito populares. Esta receita está na sua família há várias gerações. Tradicionalmente, a carne deve ser espetada em pauzinhos de loureiro, o que lhe confere um extraordinário sabor. Na falta dos paus de loureiro, espetam-se umas folhas de louro juntamente com a carne, que não é tão eficiente, mas funciona.

1kg de carne de vaca
Folhas de louro
Sal grosso

Corta-se a carne, que deve ser de boa qualidade e tenra, em cubos de tamanho médio. Espetam-se os cubos no espeto com umas folhas de louro e salpicam-se bem com bastante sal grosso. Colocam-se a assar numa grelha bem quente, virando constantemente, até a carne estar bem assada.

Servem-se bem quentes com salada de alface e pão caseiro.

Bolos e Sobremesas
Cakes & Desserts

The greatest thing about growing up in a Portuguese household would have to be the wonderful array of cakes, desserts, and pastries that would be laid out, without fail, at every celebration, dinner party, and feast. Tables would be filled with as many creamy, sweet sensations as you could imagine. Including Sweet Rice Pudding, Egg Custard, Chocolate Mousse, Home-Style Caramel Pudding, Pumpkin Fritter Cakes, Sponge Cakes, and much more, the display of rich desserts would be heaven for every child (and sweet-toothed adult alike) and definitely the perfect way to finish off a meal or enjoy a great cup of coffee.

The Portuguese love their sweets just as much as they love their coffee. They enjoy nothing more than socializing in cafés, drinking strong coffee, and indulging in a dessert or pastry while discussing the ways of the

A melhor coisa acerca de se crescer no seio de uma família portuguesa, não poderia deixar de ser a fantástica variedade de bolos, sobremesas e pastéis com que nos deparamos em qualquer festa e banquete. As mesas estão sempre repletas de todas as gulodices que possa imaginar, incluindo: Arroz Doce, Leite-creme, Mousse de Chocolate, Pudim Caseiro, Filhoses, Pão-de-Ló e muitos outros. Esta imensa variedade seria o paraíso para todas as crianças e até para os adultos mais gulosos e, definitivamente, seria a maneira perfeita de terminar uma refeição ou apreciar uma boa chávena de café.

Os portugueses adoram os seus doces quase tanto como o seu café. Adoram estar com os amigos nos cafés, bebendo uma bica e apreciando um pastel de nata, enquanto discutem assuntos internacionais, política e

world, soccer, and politics. *Pastlerias* (pastry shops) are filled with wonderful cakes and pastries such as the *pasties de nata* (Portuguese Tarts) and the ever-popular *bolas*—soft, custard-filled, sugar-coated balls of dough. But there is also nothing more satisfying than a home-baked cake or dessert. The selection is endless and variations numerous, with cakes and desserts for every occasion. Some of the best and most popular—such as Pumpkin Fritter Cakes and Fruitcakes—are traditionally made for Christmas, but people also enjoy them all year round.

But with such excellent fruit available in Portugal, the potential for naturally sweet desserts cannot be overlooked. There are, of course, numerous fruit-based cakes and candy, as well as preserves and jellies, but the fruit on its own makes a wonderful dessert in itself. With such variety from across the nation, many Portuguese who have since set out across the sea undoubtedly have taken with them the sweet, delightful memories of the simplest treat of all—a juicy piece of fruit.

futebol. As pastelarias estão repletas de bolos e pastéis maravilhosos, como por exemplo os Pastéis de Nata e as sempre populares Bolas de Berlim. Mas não existe nada melhor do que uma sobremesa ou um bolo caseiro. A selecção é infinita e variada, com bolos e sobremesas para todas as ocasiões. Alguns dos melhores e dos mais populares são as Filhoses e os Bolos-reis, que fazem parte da tradição natalícia, mas que as pessoas apreciam durante todo o ano.

Com uma excelente variedade de fruta disponível em Portugal, não se pode ignorar o potencial das sobremesas feitas a partir da fruta. Claro que existem numerosos bolos e doces feitos com base em frutas, bem como compotas e geleias. Contudo, a fruta por si só constitui uma excelente sobremesa. Com uma tamanha variedade, muitos emigrantes levam consigo o sabor, as deliciosas recordações do prazer mais simples de todos – uma sumarenta peça de fruta.

Sweet Rice Pudding

Arroz Doce is a soft, creamy, rice-based custard and is a traditional favorite among the Portuguese people.

O Arroz Doce é uma sobremesa tradicional muito saborosa e cremosa, estando entre as mais apreciadas pelos portugueses.

9 cups water	***2 litros de água***
1 teaspoon salt	***1 colher de chá de sal***
2½ cups rice	***500g de arroz***
4 cups milk	***1 litro de leite***
1 cinnamon stick	***1 pau de canela***
1 strip lemon rind (¾ inch thick)	***1 casca de limão (2cm de grossura)***
1½ cups sugar	***300g de açúcar***
6 egg yolks	***6 gemas de ovos***
1 teaspoon ground cinnamon, for decorating	***1 colher de chá de canela em pó, para decorar***

Fill a pot with the water and salt and bring to a boil. Add the rice and let it cook for approximately 10 minutes, then drain. Meanwhile, bring the milk to a boil in a separate pot with the cinnamon stick and lemon rind. As it comes to a boil, add the drained rice. Cook over low heat until the rice begins to soften. Add the sugar, mixing well. Add the egg yolks, mix together quickly, then remove from the heat. Remove the cinnamon stick and lemon rind. Place the sweet rice into little serving dishes or one large one. Decorate with the ground cinnamon and serve once the rice has cooled.

Leva-se ao lume, um tacho com água temperada com sal. Quando estiver a ferver deita-se o arroz e deixa-se cozer durante dez minutos. Entretanto ferve-se o leite noutro tacho com o pau de canela e a casca de limão. Escorre-se o arroz e junta-se ao leite a ferver. Deixa-se cozer bem em lume brando, até o arroz estar bem cozido. Junta-se o açúcar misturando bem. Por último, juntam-se as gemas de ovos mexendo muito rapidamente e retira-se do lume. Tira-se o pau de canela e a casca de limão e coloca-se o arroz em travessas ou pratos individuais. Enfeita-se com canela em pó. Serve-se frio.

Leite Creme

Egg Custard

Egg-based custards are a popular dessert, and they form the basis of many other dishes. This simple custard can be served on its own or with sponge cake or fruit.

6 egg yolks
2¼ cups milk
Vanilla extract, to taste
1¼ cups sugar
2 teaspoons all-purpose flour
Ground cinnamon

Beat the egg yolks with the milk and a few drops of vanilla extract in a saucepan. In a separate bowl, mix the sugar and flour together, then add to the egg mixture. Bring to a boil and cook until thick, stirring continuously. Remove from the stove and pour into individual serving dishes. When cool, sprinkle a little cinnamon over the top and serve.

O leite creme é um doce muito popular, que serve de base a outras sobremesas. Esta sobremesa pode ser servida simples ou a acompanhar Pão de Ló ou fruta.

6 gemas de ovos
500ml de leite
Baunilha q.b.
250g de açúcar
2 colheres de chá de farinha
Canela para polvilhar

Batem-se as gemas com o leite e a baunilha. Mistura-se o açúcar com a farinha e junta-se ao leite e às gemas. Coloca-se a ferver e a cozer até ficar grosso, mexendo continuamente. Retira-se do fogão e colocam-se em taças individuais. Deixa-se arrefecer e polvilha-se por cima com um pouco de canela e serve-se.

Mousse de Chocolate

Chocolate Mousse

Though the Portuguese adore many sweets, their true passion in desserts lies with Chocolate Mousse. It is, along with Sweet Rice Pudding, one of the most popular desserts served in Portuguese restaurants and households around the world. It is rich, creamy, and a true pleasure to eat.

5½ ounces semisweet chocolate
1 stick unsalted butter
6 eggs, separated
6 tablespoons sugar

Melt the chocolate with the butter in a double boiler, or a saucepan placed inside a bigger saucepan filled with boiling water. Beat the egg yolks and sugar together until the mixture becomes white and thick. Slowly add the melted chocolate, gently beating well as you go. In a separate bowl, beat the egg whites until they become firm and fold them into the mixture. Place the Chocolate Mousse into a large serving bowl, or small individual bowls, and leave to set in the refrigerator.

Embora os portugueses adorem muitos doces, a sua verdadeira paixão é a Mousse de Chocolate. Juntamente com o Arroz Doce, é uma das sobremesas mais populares servidas nos restaurantes e casas portuguesas em todo o mundo. É doce, cremosa e um verdadeiro prazer para saborear.

150g de chocolate em barra
125g manteiga sem sal
6 ovos
6 colheres de sopa açúcar

Derrete-se o chocolate com a manteiga em banho-maria. Batem-se as gemas com o açúcar até se obter uma mistura espessa e esbranquiçada. Junta-se o chocolate derretido e bate-se bem. À parte, batem-se as claras em castelo, até estarem firmes, e juntam-se à mistura de chocolate, envolvendo bem. Coloca-se a Mousse de Chocolate numa taça grande ou em taças individuais e coloca-se no frigorífico.

Pudim Caseiro

Home-style Caramel Pudding

This creamy caramel pudding is a favorite in every Portuguese household, and every Portuguese cook has his or her own secret to the perfect *pudim*. It can always be found at Portuguese celebrations and feasts, and is a timeless classic that's sure to please.

Este pudim é muito popular em todas as famílias portuguesas e todas têm os seus segredos para fazerem o pudim perfeito. É servido em todas as festas e celebrações portuguesas, sendo um eterno clássico sempre muito apreciado.

Caramel:
1 cup sugar
½ cup water

Pudding:
2¼ cups milk
1 strip orange rind (¾ inch thick)
3 drops vanilla extract
6 eggs
1½ cups sugar

Begin by preparing the caramel. Bring the sugar and water to a boil in a small saucepan for about 10–15 minutes, or until it caramelizes into thick syrup. Pour it into a 9-inch round cake pan, coating the sides evenly, and set aside.

Bring the milk to a boil in a separate saucepan with the orange rind and the vanilla, removing from the heat as soon as it reaches the boiling point, then set aside. Mix the eggs with the sugar in a mixing bowl, and then add the warm milk. Mix it all together

Caramelo:
1 chávena de açúcar
125ml de água

Pudim:
500ml de leite
Casca de 1 laranja (2cm de grossura)
3 gotas de essência de baunilha
6 ovos
300g de açúcar

Começa-se por preparar o caramelo, fervendo o açúcar com a água, num tacho pequeno, até caramelizar e atingir uma cor dourada. Em seguida, barra-se o fundo e os lados da forma e deixa-se esfriar.

À parte, ferve-se o leite com a casca de laranja e as gotas de baunilha. Junta-se o açúcar com os ovos, misturando bem, mas sem bater e adiciona-se o leite ainda morno. Depois de tudo misturado, deita-se na forma barrada com o caramelo. Leva-se ao forno já quente a cozer em banho-maria, colocando a

well, and pour it into the prepared cake pan. Place the pan in a larger baking dish or tray containing boiling water, and bake at 400° F for at least 50 minutes.

Remove from the oven. Let the pudding cool and set, preferably leaving it in the refrigerator for a couple of hours. Remove it from the pan by flipping it upside down onto a serving plate, letting the caramel pour over the top and sides.

forma dentro doutra forma ou tabuleiro com água a ferver. Deixa-se cozer pelo menos durante 50 minutos à temperatura de 200 graus Celsius.

Retira-se do forno e deixa-se o pudim arrefecer, de preferência umas horas no frigorífico. Desenforma-se para um prato e deixa-se escorrer o caramelo sobre o pudim.

Bolo Pudim

Caramel Pudding Cake

This cake is based on the Home-style Caramel Pudding, combining it with a cake mixture to form a layer of cake with a caramel pudding top.

Este bolo é baseado no pudim caseiro, sendo que é combinado com um bocado de bolo que vai formar a base do doce, enquanto o pudim fica por cima.

Caramel:

½ cup water

1 cup sugar

Caramelo:

125ml de água

1 chávena de açúcar

Pudding:

2¼ cups milk

2½ cups sugar

6 eggs

Pudim:

500ml de leite

500g de açúcar

6 ovos

Cake:

5 eggs

1¼ cups sugar

2¼ cups self-rising flour

Bolo:

5 ovos

250g de açúcar

250g de farinha

Begin by preparing the caramel. Boil the sugar with the water in a small saucepan for about 10–15 minutes, or until it caramelizes into a thick syrup. Pour it into a 9-inch round cake pan, coating the sides evenly. Set aside to cool.

Começa-se por preparar o caramelo, fervendo o açúcar com a água durante 10-15 minutos ou até caramelizar e transformar-se numa espécie de xarope. Barram-se os lados e o fundo da forma e deixa-se arrefecer.

Meanwhile, make the pudding mixture by beating together the milk, sugar, and eggs.

Entretanto, prepara-se o pudim, juntando o leite com o açúcar e os ovos inteiros e batendo-se bem.

Prepare the cake mixture by mixing the eggs and sugar together and beating well. Add the flour and mix together well.

À parte, preparar-se o bolo, batem-se os ovos inteiros com o açúcar juntando-se a farinha e batendo-se tudo muito bem.

148

Pour the pudding mix into the prepared cake pan, followed by the cake mixture, making sure the layers do not mix together. Bake at 400°F until the cake is done, which should be approximately 50 minutes.

Let the pudding cake cool and set, preferably leaving it in the refrigerator for a couple of hours. Flip the cake onto a deep serving plate with the pudding on top, letting the caramel coat the top and sides.

Na forma untada de caramelo, deita-se primeiro o pudim e depois a massa do bolo sem se misturar. Leva-se ao forno até o bolo estar cozido, aproximadamento 50 minutos à temperatura de 200 º C.

Deixa-se o bolo pudim arrefecer e coloca-se de preferência no frigorífico durante algumas horas, antes de se servir. Desenforma-se para um prato fundo, ficando a parte do pudim por cima do bolo, e deixa-se escorrer o caramelo por cima e pelos lados.

Bolo de Pão Ralado

Bread-crumb Cake

This is a unique cinnamon-flavored sponge cake and a popular rural recipe. The bread crumbs give an interesting, soft, crumbling texture. It's best to use finely ground bread crumbs, because a coarse, crumbly texture will only distract from the flavor.

Este é um bolo com um delicioso sabor a canela. Esta receita rural leva pão ralado, que dá uma consistência interessante, suave e estaladiça ao bolo. O pão deve ser fino e de primeira qualidade.

6 eggs, separated
1½ cups sugar
¼ cup port
1 teaspoon ground cinnamon
1 teaspoon baking powder
3⅓ cups bread crumbs

6 ovos, separados
300g de açúcar
50ml de vinho do Porto
1 colher de chá de canela em pó
1 colher de chá de fermento em pó
200g de pão ralado

Beat the egg whites until firm. In a separate bowl, mix the egg yolks with the sugar, beating together well. Add the port, cinnamon, baking powder, egg whites, and lastly the bread crumbs, mixing well. Grease and flour a 9-inch round cake pan, and pour in the mixture. Bake at 350°F, or until the cake is cooked and firm—approximately 30 minutes.

Batem-se as claras em castelo, até estarem firmes. À parte, misturam-se bem as gemas com o açúcar, junta-se o vinho do Porto, a canela, as claras em castelo e, finalmente o pão ralado. Mistura-se tudo bem. Deita-se a mistura numa forma untada e leva-se ao forno a 180°C ou até o bolo estar cozido, cerca de 30 minutos.

Bolo de Ananás

Pineapple Cake

Juicy, soft, and sweet, this is the perfect summer cake. The pineapple adds a sweet, moist texture, giving an exotic twist to an ordinary sponge cake.

O ananás acrescenta uma textura doce e húmida, que confere um ar exótico a um normalíssimo pão-de-ló.

1 tablespoon butter or margarine
1 cup sugar, plus extra for sprinkling
14-ounce can sliced pineapple
3 eggs, separated
5 tablespoons pineapple juice
1 cup all-purpose flour
1 teaspoon baking powder
Fruit for garnish

1 colher de sopa de manteiga ou margarina
1 chávena de açúcar
1 lata de 400g de ananás às rodelas
3 ovos, separados
5 colheres de sopa de sumo de ananás
1 chávena de farinha
1 colher de chá fermento em pó

Melt the butter and spread over the base and sides of a 9-inch round cake pan, coating well. Sprinkle a little sugar over the butter and decorate the bottom of the pan with the slices of pineapple.

In a mixing bowl, beat together the egg yolks and 1 cup sugar, adding in the pineapple juice. Mix the flour with the baking powder and add to the egg yolk mixture. Beat the egg whites separately until they become firm, then add to the mixture. Pour the mixture over the pineapple in the pan and bake in a 350°F oven for approximately 40 minutes. Let cool, then garnish with fruit such as cherries.

Derrete-se a manteiga dentro da forma radonda e polvilha-se com açúcar. Enfeita-se o fundo com as rodelas de ananás.

Batem-se as gemas com o açúcar juntando o sumo de ananás. Depois deita-se a farinha misturada com o fermento. À parte, batem-se as claras em castelo, até estarem firmes e juntam-se à mistura anterior. Deita-se a massa na forma, sobre o ananás, e coze-se em forno moderado (180°C) durante 40 minutos.

Bolo de Bolacha
Cookie Cake

My mother's cookie cake is legendary. It was a childhood favorite, and no birthday party or celebration would be complete without it, but it can be the perfect cake for any occasion. Traditionally, it is made with round butter cookies, but plain rectangular, shortbread-type cookies will also work, giving a different shape and size to the cake.

O bolo de bolacha da minha mãe é uma lenda. É um dos preferidos das crianças e nenhuma festa estaria completa sem um, mas também pode ser o bolo perfeito para qualquer ocasião. Tradicionalmente é feito com bolachas Maria, mas podem ser substituídas por bolachas rectangulares de gosto e espessura semelhantes, dando um formato diferente ao bolo.

1 cup strong, hot coffee
2 tablespoons sugar
2½ sticks butter
1½ cups confectioners' sugar
3 egg yolks
3 tablespoons powdered chocolate or cocoa
10½ ounces butter cookies or shortbread cookies
Chocolate sprinkles and strawberries, for garnish

1 colher de sopa de café
1 colher de sopa de açúcar
250g de manteiga
200g de açúcar de pasteleiro
3 gemas de ovos
3 colheres de sopa de chocolate em pó
300g de bolacha Maria

Mix the coffee with the sugar in a small bowl and set aside to cool. Beat together the butter and the confectioners' sugar, adding the egg yolks one at a time, beating continuously. Add two teaspoons of the prepared coffee and the powdered cocoa, mixing well.

Numa tigela faz-se um café bem forte e açucarado (cerca de 250ml) e deixa-se arrefecer. À parte, para o creme, bate-se o açúcar com a manteiga e juntam-se as gemas de ovo uma de cada vez, batendo bem. Juntam-se duas colheres de chá do café já preparado e o chocolate em pó misturando bem.

Dip the cookies in the warm coffee and layer them on a flat serving plate. Be sure not to oversoak the cookies in the coffee, or the cake will become soggy and the cream will not hold. Cover the cookies with a thin layer

Num prato coloca-se uma camada de bolachas embebidas no café morno. As bolachas não devem ser muito molhadas no café, para não se desfazerem. Sobre as

of the chocolate cream. Repeat the layers until all the cookies are used, finishing with a layer of buttercream and coating the top and sides well with the remainder of the cream. Decorate with chocolate sprinkles and strawberries and refrigerate until set and ready to serve.

bolachas coloca-se uma camada pouco espessa de creme e repete-se até acabarem as bolachas. Barra-se o bolo com o restante creme e enfeita-se com chocolate e morangos a gosto. Vai ao frigorífico até estar pronto a servir.

Bolinhos de Côco

Coconut Cupcakes

4 eggs, separated
1¼ cups sugar
2 tablespoons margarine, melted
1½ cups finely shredded coconut
¾ cup self-rising flour

Beat the egg yolks, sugar, and margarine together until creamy. Add the coconut and flour. In a separate bowl, beat the egg whites until firm, then add to the mixture.

Pour the mixture into shallow muffin pans with paper liners, and bake in a 350°F oven for approximately 20 minutes.

4 ovos, separados
250g de açúcar
2 colheres de sopa de manteiga derretida
100g de coco ralado
100g de farinha

Batem-se as gemas com o açúcar e a manteiga, muito bem, até ficarem em creme. Junta-se o coco e a farinha. À parte, batem-se as claras em castelo e juntam-se à mistura.

Deita-se a massa em formas de papel individuais e leva-se ao forno moderado (180°C) durante cerca de 20 minutos.

Bolinhos de Erva Doce
Aniseed Cakes

These small fruit and nut cakes are traditionally baked in Portugal for the All Saints' Day celebrations but are very popular all year-round.

Estes bolinhos de frutas e nozes ou são tradicionalmente feitos para celebrar o dia de Todos os Santos, mas podem ser servidos em qualquer altura do ano.

4 pounds 8 ounces pumpkin flesh
8¾ cups self-rising flour
2½ cups sugar
Scant 1 cup olive oil
¼ cup ground cinnamon
1 tablespoon ground aniseed
Grated rind of 1 lemon
1 teaspoon baking soda
1 tablespoon dry yeast
Dried fruits, golden raisins, walnuts, or any other fruit, to taste

2kg de abóbora menina
1 kg de farinha
500g de açúcar
200ml de azeite
25g de canela em pó
1 colher de sopa de erva doce em pó
Raspa de 1 limão
1 colher de chá de bicarbonato de soda
1 colher de sopa de fermento granulado
Passas de uva e nozes, ou outra variedade de frutas a gosto

Cook the pumpkin in a little water until soft. Once cooked, blend it into a purée. Mix together all remaining ingredients with the pumpkin, kneading it well into a soft dough. Let the dough rest for a couple of hours to double in size. Shape the dough into little cakes about 4 inches in diameter, and place on greased baking sheets. Bake at 400°F for approximately 25 minutes, or until golden.

Coze-se a abóbora num pouco de água e desfaz-se em puré. Juntam-se os restantes ingredientes e amassa-se tudo muito bem. Deixa-se levedar a massa durante umas horas até ficar do dobro do tamanho. Molda-se a massa em pequenas merendeiras que se colocam a cozer em forno quente, cerca de 20ºC, até ficarem tostadas, aproximadamente 25 minutos.

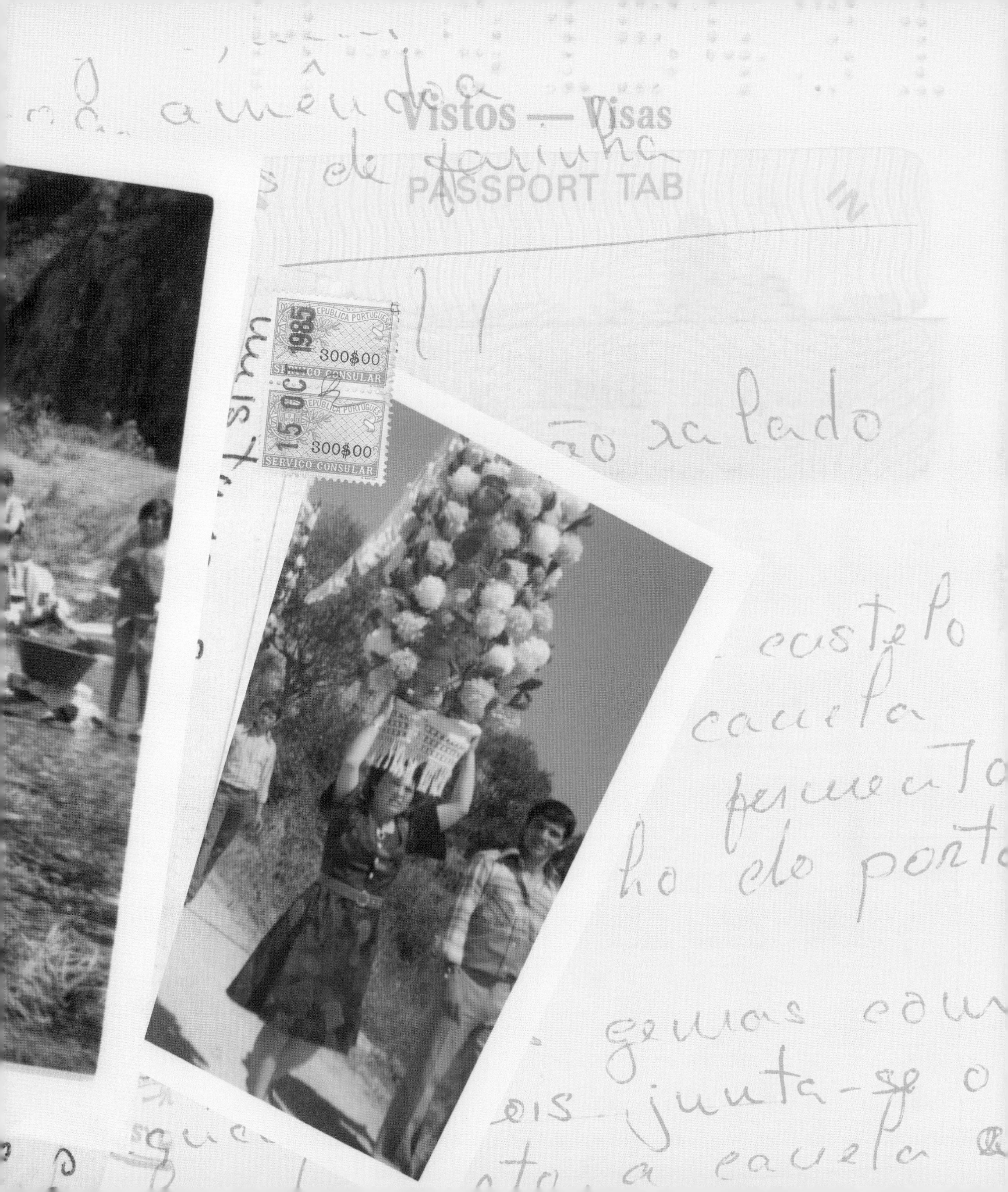

amêndoa
de farinha
Vistos — Visas
PASSPORT TAB
IN
REPUBLICA PORTUGUESA
1985
300$00
SERVIÇO CONSULAR
15 OC
REPUBLICA PORTUGUESA
300$00
SERVIÇO CONSULAR
ão ralado
castelo
canela
fermento
ho do porto
gemas com
ois junta-se o
a canela

Bolo de Natal

Christmas Cake

This Christmas Cake is also very popular for other celebrations such as weddings and birthdays, and it can be served as a coffee cake or as a dessert with cream or custard. It can be decorated in many ways—frosted, sprinkled with sugar, or left as is, depending on taste or purpose.

4½ cups all-purpose flour

1¼ cups golden raisins

2 cups walnuts, finely chopped

2 cups sugar

2 sticks butter

2 tablespoons baking powder

5 eggs, separated

1½ cups milk

4 drops vanilla extract

2 tablespoons port

Sprinkle a little of the flour onto the raisins and nuts to prevent them from sticking together. Mix the sugar and butter, beating together until creamy. Mix the remaining flour with the baking powder and add this and the egg yolks to the creamed sugar in stages, alternating with the milk, and beat well. Beat the egg whites separately until firm and set aside. Add the vanilla, port, and the fruit and nuts to the mixture, then fold in the egg whites, mixing well without beating. Pour into a greased and floured cake pan and bake in a 350°F oven until the cake is done, approximately 40 minutes.

Este Bolo de Natal é muito popular em outras festas como casamentos e aniversários e pode ser servido a acompanhar um chá ou uma sobremesa. Pode ser decorado de várias maneiras: com gelado, açúcar ou sem nada, dependendo do gostos de cada um.

500g de farinha de trigo

200g de passas brancas e pretas

200g de nozes picadas

400g de açúcar

200g de manteiga

2 colheres de sopa de fermento em pó

5 ovos

375ml de leite

4 gotas de essência de baunilha

2 colheres de sopa de vinho do Porto

Passam-se as nozes e passas por um pouco de farinha para evitar que fiquem coladas. Bate-se a manteiga com o açúcar, muito bem, até ficar em creme. Juntam-se as gemas, a farinha misturada com o fermento, alternando com o leite e bate-se tudo muito bem. Junta-se a baunilha, o vinho do Porto, as nozes e as passas passadas pela farinha. À parte, batem-se as claras em castelo, até estarem bem firmes. Juntam-se à massa, e envolve-se tudo muito bem, mas sem bater. Deita-se numa forma untada e polvilhada com farinha e leva-se a cozer em forno moderado (180°C) durante 40 minutos, até o bolo estar bem cozido.

Velhoses ou Filhós
Pumpkin Fritter Cakes

These fried cakes are traditionally made on Christmas Eve. The *velhoses* (also known by their alternative spelling, *filhóses*) are important parts of the Portuguese Christmas tradition across the country. In my family, they have always been a big part of Christmas, with my mother consistently taking the time and care to make the best *velhoses*, carrying on a time-honored family tradition.

Estes bolos fritos são especialmente feitos na Noite de Natal. As filhoses ou filhós são uma parte importante da tradição natalícia em várias regiões de Portugal. Na minha família, foram sempre um aspecto essencial do Natal, com a minha mãe a ter sempre a paciência e tempo para fazer as melhores filhoses, continuando uma honrosa tradição familiar que traz desde a sua juventude.

3 pounds 5 ounces pumpkin

6¾ cups flour

1¼ cups sugar

Pinch salt

1 tablespoon baking powder

6 eggs, separated

1¼ cups brandy

Grated rind of 1 lemon

Grated rind and juice of 2 oranges

Oil for deep-frying

1 tablespoon ground cinnamon

1½ kg de abóbora

750g de farinha

1¼ chávena de açúcar

Uma pitada de sal

1 colher de sopa de fermento em pó

6 ovos, separados

50ml de aguardente

Raspa de 1 limão

2 laranjas, sumo e raspas

Óleo para fritar

1 colher de sopa de canela

Peel and chop the pumpkin into small pieces, cook it in a little water until tender, and let drain overnight.

Descasca-se e corta-se a abóbora em pedaços pequenos. Cozem-se os pedaços em pouca água e deixam-se a escorrer dum dia para o outro.

In a large mixing bowl, add the pumpkin, the flour, ⅔ cup of the sugar, the salt, baking powder, egg yolks, brandy, grated lemon and orange rind, and orange juice, mixing everything together well. Beat the egg whites

Numa taça grande, junta-se a abóbora, a farinha, ⅔ de uma chávena de açúcar, o sal, o fermento, as gemas dos ovos, aguardente, as raspas de limão, o sumo e raspas das laranjas

until firm, and mix thoroughly into the batter.

Heat a large saucepan with oil for deep-frying and drop tablespoons of the batter into the hot oil one by one. Fry for a few minutes, turning them occasionally, until golden and cooked through. Remove and drain well. While they are still hot, coat with a mixture of the remaining sugar and the cinnamon.

e mistura-se tudo bem. Batem-se as claras em castelo e juntam-se à mistura, sem bater.

Aquece-se uma panela com bastante óleo, quando estiver a ferver deitam-se colheradas de massa, que se deixa fritar até ficarem douradas durante alguns minutos. Retiram-se e escorrem-se bem. Enquanto ainda estão quentes, envolvem-se numa mistura de açúcar e canela em pó.

Sponge Cake

This is one of the most popular and loved cakes throughout Portugal. The simple sponge cake is a teatime favorite and also constitutes the base of many other desserts.

Este é um dos bolos mais populares e adorados em Portugal. O simples pão-de-ló é muito apreciado à hora do chá e também serve de base a muitas outras sobremesas.

7 eggs, separated
1¼ cups sugar
Rind of 1 lemon, grated
1 teaspoon baking powder
1¼ cups all-purpose flour

7 ovos, separados
250g de açúcar
Raspa de 1 limão
1 colher de chá de fermento em pó
150g de farinha

Beat the egg yolks, the sugar, and the lemon rind together. Mix the baking powder into the flour and add gradually to the egg yolk mixture, continuously beating it all together. Beat the egg whites until firm, then fold them into the batter, mixing well without beating.

Batem-se as gemas com o açúcar e a raspa de limão. Mistura-se o fermento com a farinha e juntam-se à mistura, aos poucos, batendo continuamente. Batem-se as claras em castelo e envolvem-se na massa, sem bater.

Pour the batter into a greased and floured 9-inch cake pan and bake at 350°F until done, about 30 minutes.

Leva-se ao forno numa forma untada de manteiga e polvilhada com farinha. Deixa-se cozer durante aproximadamente 30 minutos.

Salame de Chocolate

Chocolate Salami

In Portugal, this is known as Chocolate Chouriço for its sausagelike appearance. It's very rich and chocolaty and, once sliced, makes a great coffee-cake.

O nome deste bolo deve-se ao seu formato. É muito doce e cheio de chocolate e partido às fatias é excelente para acompanhar um chá ou um delicioso café.

7 ounces butter cookies or shortbread cookies
1½ cups brown sugar
1¾ cups powdered chocolate or cocoa
1 stick butter
4 egg yolks

200g de bolachas maria
200g de açúcar louro
200g de chocolate em pó
125g de manteiga
4 gemas de ovos

Break the cookies into small pieces, but do not crumble them too finely. Beat together the sugar, powdered chocolate, and butter. Add the egg yolks and the cookie pieces. Mix well, until it sticks together into a firm paste that can be molded. Put the mixture onto a long piece of waxed paper and roll into a sausage shape, wrapping it in the paper and tying it with string like salami. Place in the refrigerator to harden overnight. To serve, cut into slices about a half-inch thick.

Partem-se as bolachas em pedacinhos pequenos. Mistura-se muito bem o açúcar, o chocolate e a manteiga. Em seguida, juntam-se as gemas e as bolachas partidas em pedaços. Deve ficar tudo bem unido. Deita-se a massa sobre papel vegetal e aperta-se dando-lhe a forma de chouriço. Ata-se com um fio e deixa-se no frigorífico até ao dia seguinte. Serve-se cortado em fatias com a grossura de 1 a 2 cm.

Egg Custard Tartlets

In Portuguese, these cakes are called *queijadas* (cheese tarts), despite the fact that they do not contain any cheese. They have a beautiful creamy texture and are great served with a good cup of coffee or tea.

Estes bolos denominam-se queijadas, apesar de não terem queijo.

3 eggs
1¾ cups sugar
¾ cup all-purpose flour
1 teaspoon baking powder
Few drops vanilla extract
2¼ cups milk
½ stick butter

3 ovos
350g de açúcar
100g de farinha
1 colher de chá de fermento em pó
Umas gotas de baunilha
500ml de leite
50g de manteiga

Beat the eggs and sugar together. Mix the flour with the baking powder, and add this and the vanilla to the egg mixture, beating well. Add the milk, beating well.

Thoroughly grease a shallow muffin pan with the butter and pour in the mixture. Bake at 400°F for approximately 20 minutes, or until the cakes are golden and cooked through. Remove from the pan and serve.

Batem-se os ovos com o açúcar. Junta-se a farinha com o fermento e a baunilha batendo muito bem. Por último, junta-se o leite.
Untam-se bem pequenas formas com manteiga e enchem-se com a massa. Levam-se ao forno a cozer aproximadamente 20 minutos ou até ficarem douradas. Depois de prontas, desenformam-se e servem-se.

Morangos em Vinho do Porto
Strawberries in Port

This is a very simple but unbelievably delicious dessert. The quantity of sugar needed depends on the sweetness of the strawberries. The sugar and port enhance the flavor of the strawberries and should not be too overpowering.

3¼ cups strawberries
¼ cup sugar
Scant 1 cup port
Light cream, to serve

Wash the strawberries, removing the stalks. Cut them into quarters and place them in a large bowl, then sprinkle the sugar over them. Add the port, making sure to coat the strawberries well. Let the strawberries sit in the marinade for at least an hour to absorb the sugar and port. When ready to serve, pour the strawberries, along with the port, into individual serving dishes and top with light cream to serve.

Esta é uma sobremesa muito simples de preparar, mas inacreditavelmente deliciosa. A quantidade de açúcar depende da doçura dos morangos. O açúcar e o vinho do porto , numa quantidade não muito excessiva, aumentam o sabor dos morangos.

500g de morangos
4 colheres de sopa de açúcar
200ml de vinho do Porto
Natas batidas

Lavam-se bem os morangos, retirando as folhas e cortam-se em quatro. Põem-se numa tigela e junta-se o açúcar e vinho do Porto suficiente para ficarem todos cobertos. Deixam-se os morangos a marinar durante uma hora, para absorver o açúcar e o vinho. Quando estiverem prontos a ser servidos, colocam-se em taças individuais e servem-se com natas batidas.

Fatias Douradas

Golden Slices

The Golden Slices are another wonderful Portuguese Christmas treat. Like the Pumpkin Fritter Cakes, they are prepared on Christmas Eve and enjoyed during the festivities.

As Fatias Douradas são mais uma delícia do Natal em Portugal. Tal e qual como as filhoses, elas são preparadas na Consoada e são consumidas durante as festividades.

4 eggs
1¼ cups milk
1 loaf day-old, thickly sliced bread
¼ cup vegetable oil for deep-frying
1 tablespoon ground cinnamon
2 tablespoons sugar

4 ovos
300ml de leite
1 pão de forma em fatias grossas
Óleo para fritar
1 colher de sopa de canela
4 colheres de sopa de açúcar

Beat the eggs in a bowl and set aside. Put the milk in another bowl. Make sure that the bread is not too soft or thin, or it will become too soggy.

Heat a skillet with a fair amount of oil for deep-frying.

Dip the bread slices in the milk and then in the beaten eggs, soaking them well. Deep-fry in the oil until golden, turning them over once during cooking. Place the slices onto absorbent paper towels to drain the excess oil. While still hot, coat the slices with the combined sugar and cinnamon.

Batem-se os ovos numa tijela e, à parte, deita-se o leite noutra tigela. O pão não deve ser muito macio nem fino para não se desfazer.

Coloca-se uma frigideira com óleo ao lume.

Molha-se o pão no leite e depois nos ovos batidos. Fritam-se as fatias, viram-se uma vez, até ficarem douradas. Depois de fritas põem-se a escorrer em papel absorvente e passam-se numa mistura de açúcar e canela